Traduzidos dos respetivos originais, com introduções e notas explicativas, esta coleção põe o leitor em contato com textos marcantes da história da filosofia.

Metafísica dos Costumes

PARTE I

Princípios Metafísicos da Doutrina do Direito

Título original:
Die Metaphysische der Sitten.
Erster Theil: Metaphysische Anfangsgründe der Rechtslehre

Tradução: Artur Morão

Revisão: Ana Breda

Capa: FBA

Depósito legal n.º 156089/00

Biblioteca Nacional de Portugal – Catalogação na Publicação

KANT, Immanuel, 1724-1804

Metafísica dos costumes. – 2019- . – v. – (Textos filosóficos; 53)
Pt. 1: Princípios metafísicos da doutrina do direito. – p.
ISBN 978-972-44-2179-7

CDU 17

Paginação:
MA

Impressão e acabamento:

para
EDIÇÕES 70
Janeiro de 2019 (2004)

ISBN: 978-972-44-2179-7
ISBN da 1.ª edição: 978-972-44-1199-6

EDIÇÕES 70, uma chancela de Edições Almedina, S.A.
Avenida Engenheiro Arantes e Oliveira, 11 – 3.º C – 1900-221 Lisboa / Portugal
e-mail: geral@edicoes70.pt

www.edicoes70.pt

Immanuel Kant

Metafísica dos Costumes

PARTE I

Princípios Metafísicos da Doutrina do Direito

70

Advertência do Tradutor

A presente obra, *A Metafísica dos Costumes*, pertence aos últimos quinze anos da vida e da produção filosófica de Kant. Apresenta, pois, afinidades e ramificações com outras obras dessa última fase, tão produtiva, do pensamento kantiano: *A Religião nos Limites da Simples Razão* (1793), *A Paz Perpétua* (1795), *O Conflito das Faculdades* (1798), *Antropologia de um Ponto de Vista Pragmático* (1798), o opúsculo *Pedagogia* (1803) e, por fim, o *Opus Postumum*, além de outros pequenos escritos.

Em todas estas páginas se descobre, mais ou menos implícita, a presença da Revolução Francesa, que, naturalmente, constituiu um desafio permanente à reflexão. A preocupação fundamental do nosso filósofo é, aqui, o desenvolvimento da sua filosofia política, a qual encontra a sua expressão maior na primeira parte da *Metafísica dos Costumes* cujo título é: «Primeiros princípios metafísicos da doutrina do direito».

Kant, sempre fiel, com maior ou menor acento, à sua base transcendental, extrai e desenvolve as consequências jurídicas e políticas do princípio da autonomia da razão, na sua dimensão prática.

O leitor descobrirá com que rigor ele advoga o seu republicanismo explosivo, a sua crítica de um governo paternalista que de todos faz menores, o seu federalismo das repúblicas e das nações como remédio para a violência humana constitutiva, a sua recusa da revolução; mas também descobrirá com surpresa a sua justificação da propriedade privada, da pena de morte e de outros aspetos da vida em comum.

A tradução fez-se a partir da edição das obras (*Werke*) de Kant, ao cuidado de Wilhelm Weischedel, publicadas na Insel Verlag, Wiesbaden, 1956, e várias vezes reimpressas pela Wissenschaftliche Buchgesellschaft, Darmstadt, desde 1968.

ARTUR MORÃO

Prólogo

À *Crítica da Razão Prática* devia seguir-se o sistema, a *Metafísica dos Costumes*, que se divide em *Princípios Metafísicos da Doutrina do Direito* e *Princípios Metafísicos da Doutrina da Virtude* (como réplica aos *Princípios Metafísicos da Ciência da Natureza*, já publicados); para isso a seguinte introdução apresenta e ilustra em parte, nas duas, a forma do sistema.

A *doutrina do direito*, como primeira parte da doutrina dos costumes, é aquilo que se exige a um sistema que dimana da razão, e que se poderia denominar a *metafísica do direito*. Mas visto que o conceito de direito, enquanto conceito puro, se centra na práxis (a aplicação aos casos que ocorrem na experiência), um *sistema metafísico* do mesmo teria, pois, de atender também, na sua divisão, à multiplicidade empírica dos casos, a fim de completar a divisão (o que é uma exigência iniludível para construir um sistema da razão). A divisão perfeita do *empírico* é, porém, impossível e, quando se intenta (pelo menos aproximadamente), tais conceitos não podem entrar como partes integrantes no sistema, mas apenas como exemplos nas anotações, pelo que a expressão *princípios metafísicos da doutrina do direito* será adequada só para a primeira parte da *Metafísica dos Costumes*: no tocante aos casos de aplicação, unicamente se pode esperar a aproximação ao sistema, e não o próprio sistema. Por isso, também aqui, como nos (anteriores) *Princípios Metafísicos da Ciência da Natureza*, procederemos do seguinte modo: aduziremos no texto o direito que pertence ao sistema esboçado *a priori*, mas nas anotações por vezes prolixas os direitos referidos a casos particulares da experiência, porque, caso contrário, não se poderia distinguir bem o que aqui é metafísica daquilo que é prática jurídica empírica.

Não tenho melhor meio de prevenir ou de me livrar da frequente acusação de obscuridade, e até de uma amaneirada falta de clareza — com aparência de profundidade — na exposição filosófica, a não ser aceitando de bom grado o que o senhor Garve, um filósofo no genuíno sentido da palavra, impõe como dever a todo o escritor, sobretudo ao que filosofa; da minha parte, limito-me a cumprir esta exigência quando o permitir a natureza da ciência, que importa retificar e alargar.

Este homem douto exige, com razão (na sua obra intitulada *Vermischte Aufsätze*, p. 352 e s.), que toda a doutrina filosófica — se o autor, nos seus conceitos, não quiser incorrer na suspeita de obscuridade — se possa *popularizar* (acercar-se o suficiente da sensibilidade para universalmente se comunicar). Anuo a tal com gosto, excetuando apenas o sistema de uma crítica da própria faculdade racional e tudo aquilo que só se pode justificar mediante esta sua determinação: porque tal é questão da distinção, no nosso conhecimento, entre o sensível e o suprassensível que, não obstante, é atinente à razão. Isto nunca se pode tornar popular, como também nenhuma metafísica formal, embora os seus resultados possam vir a ser de todo óbvios à sã razão (de um metafísico, sem o saber). Não pode aqui pensar-se em popularidade (linguagem popular), antes se insistirá (pois é linguagem de escola) na *precisão* escolástica, embora também esta, por fastidiosa, se possa censurar, pois só assim se consegue induzir a razão precipitada a compreender-se a si mesma com anterioridade às suas afirmações dogmáticas.

Mas se os *pedantes* se permitem (desde as cátedras e em escritos populares) falar ao público com palavras técnicas, que são inteiramente adequadas para a escola, não se pode por isso inculpar o filósofo crítico como também não incriminar o gramático pela irreflexão do verbalista (*logodaedalus*). O engano pode aqui apossar-se apenas do homem, não da ciência.

Afirmar que «antes do nascimento da filosofia crítica não havia filosofia» parece arrogante, ególatra e, para os que ainda não renunciaram ao seu antigo sistema, denigrativo. — Poder denegar esta aparente arrogância depende da questão de *se poderá haver mais de uma filosofia*. Não só houve distintos modos de filosofar e de remontar aos primeiros princípios da razão, para neles, com maior ou menor sorte, fundar um sistema, mas teve de haver numerosos intentos deste tipo, cada um dos quais também para o atual tem o seu mérito; mas como, numa consideração objetiva, só pode haver uma razão humana, assim também não é possível haver muitas filosofias, ou seja, só é possível um verdadeiro sistema da mesma segundo princípios, por muito diversa e, às vezes, contraditoriamente que se tenha filosofado sobre uma só e a mesma proposição. Diz assim com razão o *moralista*: só há uma virtude e uma doutrina a seu respeito, isto é, um único sistema, que congrega todos os deveres de virtude mediante um princípio; e o *químico*: só há uma química (a de Lavoisier); o *farmacologista*: só há um princípio para o sistema de classificação das enfermidades (o de Brown), sem que, pelo facto de um *novo sistema* excluir todos os outros, diminua o mérito dos antigos (moralistas, químicos e farmacologistas); porque, sem as suas descobertas ou também as suas tentativas fracassadas, não teríamos conseguido a unidade do verdadeiro princípio de toda a filosofia num sistema. — Por isso, quando alguém anuncia um sistema da filosofia como o seu próprio produto é como se dissesse: «Antes desta filosofia, nenhuma outra existiu». Pois, se quisesse admitir que já existira outra (e verdadeira), deveria ter havido necessariamente sobre os mesmos objetos duas verdadeiras filosofias, o que é contraditório. — Portanto, quando a filosofia crítica se apresenta como uma filosofia, que ainda nenhuma outra precedeu, não faz mais do que o que fizeram, farão e hão de fazer, todos os que projetam uma filosofia segundo um plano próprio. De não *menor* significado, embora sem carecer totalmente de importância, seria a censura de que uma parte essencialmente característica desta filosofia não é ainda um produto próprio seu, mas uma espécie de empréstimo de outra filosofia (ou matemática); tal é a descoberta que um crítico de Tubinga pretende ter feito, e que concerne à definição da filosofia em geral, que o autor da *Crítica da Razão Pura* faz passar por importante produto seu, e que já teria sido proposto há muitos anos por outro autor, quase com as mesmas expressões([1]). Deixo a cada qual que julgue se as palavras *intellectualis quaedam constructio* poderiam ter suscitado a ideia da exposição de um conceito dado numa intuição *a priori*, graças ao qual a filosofia se distingue totalmente da matemática. Estou certo de que o próprio Hausen se teria negado a aceitar esta interpretação da sua expressão; pois, a possibilidade de uma intuição *a priori* e de o espaço ser tal, e não uma simples coexistência do múltiplo, reciprocamente exterior, dada à intuição empírica (perceção) (como Wolff o define), o teria espantado, já que assim se teria sentido enredado em inquirições filosóficas que o levariam muito longe. Para o subtil matemático, a exposição realizada *de certo modo pelo entendimento* nada mais significaria do que o *traçado* (empírico) de uma linha, correspondente a um conceito, no qual se atende só à regra, mas se abstrai dos inevitáveis desvios da execução; como também se pode apreciar na geometria, na construção de equivalências.

Mas de *ínfima* significação para o espírito desta filosofia é decerto a desonra que originam alguns imitadores seus, utilizando no tráfico público do pensamento, fora da *Crítica da Razão Pura*, termos que nela própria não têm de se substituir por outros de uso corrente, desonra que merece decerto ser reprimida, como faz o senhor Nicolai; este, porém, contenta-se com não ajuizar sobre se eles se devem de todo eliminar no seu próprio campo, como simples e encoberta carência de ideias. — Contudo, presta-se mais à mofa o *pedante impopular do que o ignorante acrítico* (o metafísico que se aferra ao seu sistema de um modo inflexível, sem fazer caso de crítica alguma, pode efetivamente incluir-se na última classe, embora só ignore o

([1]) «Porro de actuali constructione hic non quaeritur, cum ne possint quidem sensibiles figurae ad rigorem definitionum effingi; sed requiritur cognitio eorum, quibus absolvitur formatio, quae intellectualis quaedam constructio est.» C. A. Hausen, *Elem. Mathes.* Pars I, p. 86, A. 1734. (Trad.: «Além disso, não se indaga aqui a construção efetiva, pois não é possível formar as figuras sensíveis de acordo com o rigor das definições; mas exige-se o conhecimento daquelas com que se leva a cabo a formação, que é, por assim dizer, uma construção intelectual.»)

que não quer tolerar, porque não pertence à sua antiga escola). Mas se, de acordo com a afirmação de Shaftesbury, é uma pedra de toque não desprezível da verdade de uma doutrina (sobretudo prática) o facto de suportar a mofa, então, com o tempo, deveria calhar ao filósofo crítico a vez de ser o *último* a rir e, portanto, o *melhor*, quando assiste ao derrube sucessivo de todos os sistemas de papel dos que, durante muito tempo, se vangloriaram, e ao extravio de todos os seus adeptos: um destino que inevitavelmente os espera.

No final do livro, elaborei algumas secções com menos pormenor do que se teria podido esperar, em comparação com as precedentes: em parte, porque me parece que destas se podem facilmente seguir, em parte também porque as últimas (que concernem ao direito público) estão justamente submetidas agora a muitas discussões e são, no entanto, tão importantes que podem muito bem justificar o adiamento, por algum tempo, do juízo decisivo.

Espero poder oferecer em breve os *Princípios Metafísicos da Doutrina da Virtude.*

QUADRO DA DIVISÃO DA DOUTRINA DO DIREITO

Primeira parte. O direito privado relativamente aos objetos exteriores (conjunto das leis que não precisam de promulgação exterior)

Capítulo primeiro. O modo de ter algo exterior como seu

Capítulo segundo. O modo de adquirir algo exterior

Secção primeira. O direito real

Secção segunda. O direito pessoal

Secção terceira. O direito pessoal de carácter real

Secção episódica. A aquisição ideal

Introdução à Metafísica dos Costumes

I

Relação das faculdades do ânimo humano com as leis morais

A *faculdade de desejar* é a faculdade de, mediante as suas representações, ser causa dos objetos destas representações. A faculdade que um ser tem de agir segundo as suas representações chama-se vida.

Em primeiro lugar, ao desejo ou à aversão está sempre unido o *prazer* ou o *desprazer*, a cuja recetividade se dá o nome de *sentimento*; mas nem sempre ao invés. Pois pode haver um prazer que não esteja unido a qualquer desejo do objeto, mas à simples representação que dele se faz (independentemente de existir ou não o objeto da mesma). *Em segundo lugar*, o prazer ou o desprazer quanto ao objeto do desejo nem sempre precede o desejo, e não se deve considerar sempre como causa, antes se pode igualmente considerar como efeito do mesmo.

Chama-se *sentimento* a capacidade de experimentar prazer ou desprazer em virtude de uma representação, porque ambos contêm o meramente *subjetivo* em relação à nossa representação e nenhuma referência a um objeto para o seu possível conhecimento(2) (nem sequer para o conhecimento do nosso

---

(2) Pode explicar-se a sensibilidade mediante o elemento subjetivo das nossas representações; pois, o entendimento refere sobretudo as

estado); porque as próprias sensações, exceto a qualidade que lhes é inerente em virtude da constituição do sujeito (por exemplo, do vermelho, do doce, etc.), se referem também a um objeto como elementos do conhecimento, enquanto o prazer ou o desprazer (no vermelho ou no doce) nada absolutamente expressa do objeto, mas só uma referência ao sujeito. Prazer e desprazer não se podem explicar por si mesmos com maior pormenor, e justamente pela razão mencionada; podem, quando muito, indicar-se as consequências que têm em certas situações, mas para os tornar cognoscíveis no uso.

Pode chamar-se *prazer prático* ao prazer que está necessariamente ligado ao desejo (do objeto, cuja representação afeta assim o sentimento): quer ele seja causa ou efeito do desejo. Pelo contrário, o prazer que não está necessariamente unido ao desejo do objeto e que, portanto, não é no fundo um prazer na existência do objeto de representação, mas unicamente está adscrito à representação, podemos chamá-lo prazer meramente contemplativo ou *complacência inativa.* Ao sentimento deste último tipo de prazer damos o nome de *gosto.* Portanto, numa filosofia prática, não se tratará dele como de um conceito dela *oriundo,* mas, quando muito, só *episodicamente.* Ora bem, no tocante ao prazer prático, chamar-se-á *apetite* em sentido estrito à determinação da faculdade de desejar, que esse prazer, enquanto *causa,* tem necessariamente de preceder; mas o apetite habitual chamar-se-á *inclinação* e, visto que a conexão entre o prazer e a faculdade de desejar se chama *interesse,* na medida em que

---

representações a um objeto, ou seja, só por meio delas *pensa* algo. Ora bem, o subjetivo das nossas representações pode ser de modo a que também se possa referir a um objeto para o conhecer (segundo a forma ou a matéria, denominando-se no primeiro caso intuição, no segundo, sensação). Neste caso, a sensibilidade, enquanto recetividade da representação pensada, é o *sentido.* Ou então, o subjetivo da representação não se pode converter de modo algum num *elemento do conhecimento*: porque contém *somente* a referência da mesma ao *sujeito* e nada contém de utilizável para o conhecimento do objeto; chama-se então *sentimento* a esta recetividade da representação, que encerra o efeito da representação (seja esta sensível ou intelectual) sobre o sujeito, e pertence à sensibilidade, embora a própria representação possa pertencer ao entendimento ou à razão.

o entendimento julga esta conexão como válida segundo uma regra universal (de todos os modos, só para o sujeito), o prazer prático é neste caso um interesse da inclinação. Em contrapartida, se o prazer só pode seguir uma determinação precedente da faculdade de desejar, então é um prazer intelectual, e o interesse no objeto terá de se chamar interesse da razão; pois se o interesse fosse sensível e não estivesse baseado só em princípios puros da razão, a sensação teria de estar unida ao prazer e teria assim de poder determinar a faculdade de desejar. Embora onde importa supor apenas um interesse puro da razão se não possa supor nenhum interesse da inclinação, todavia, para sermos complacentes com o uso linguístico, a uma inclinação para o que só pode ser objeto de um prazer intelectual, podemos atribuir um desejo habitual derivado do interesse puro da razão; tal inclinação, porém, não pode então ser a causa, mas o efeito do último interesse, e poderíamos denominá-la *inclinação não-sensível* (*propensio intellectualis*).

Há ainda que distinguir a *concupiscência* (a apetência) do próprio desejo, como incitação à determinação deste. Ela é sempre uma determinação sensível do ânimo, mas que não chegou a converter-se num ato da faculdade do desejar.

A faculdade de desejar segundo conceitos chama-se faculdade de *fazer ou omitir a seu bel-prazer*, na medida em que o fundamento da sua determinação para a ação se encontra nela mesma, e não no objeto. Dado que ela está unida à consciência de ser capaz de produzir o objeto mediante a ação, chama-se *arbítrio*; mas se a ela não está unida, então o seu ato chama-se *desejo*. A faculdade de desejar, cujo fundamento interno de determinação (e, portanto, o próprio arbítrio) se encontra na razão do sujeito, chama-se *vontade*. Por conseguinte, a vontade é a faculdade de desejar, considerada não tanto em relação à ação (como o arbítrio) quanto em relação ao fundamento de determinação do arbítrio à ação; e, em rigor, não tem ela mesma nenhum fundamento de determinação diante de si, mas, podendo determinar o arbítrio, é a própria razão prática.

Na medida em que a razão pode determinar a faculdade de desejar em geral, o *arbítrio* — mas também o simples *desejo* —

pode estar contido na vontade; o arbítrio que pode ser determinado pela *razão pura* chama-se livre arbítrio. O que só é determinável pela *inclinação* (impulso sensível, estímulo) seria arbítrio animal (*arbitrium brutum*). O arbítrio humano, ao invés, é de índole tal que é, sem dúvida, *afetado* pelos impulsos, mas não determinado; portanto, não é puro por si (sem um hábito racional adquirido), mas pode ser determinado às ações por uma vontade pura. A *liberdade* do arbítrio é a independência da sua *determinação* por impulsos sensíveis; este é o conceito negativo da mesma. O positivo é: a faculdade da razão pura de ser, por si mesma, prática. Mas tal só é possível mediante a submissão da máxima de cada ação à condição da aptidão para se converter em lei universal. Com efeito, enquanto razão pura, aplicada ao arbítrio sem ter em conta o objeto deste, como faculdade dos princípios (aqui, dos princípios práticos, logo, como faculdade legisladora), só pode — pois abandona a matéria da lei — converter a própria forma da aptidão da máxima do arbítrio para se transformar em lei suprema e fundamento de determinação do arbítrio, e prescrever esta lei só como imperativo de proibição ou de mandamento, já que as máximas do homem dimanadas de causas subjetivas não coincidem por si mesmas com as objetivas.

Estas leis da liberdade, diferentemente das leis da natureza, chamam-se *morais*. Se afetam apenas ações meramente externas e a sua conformidade com a lei, dizem-se *jurídicas*; mas se exigem também que elas próprias (as leis) devam ser os fundamentos de determinação das ações, então são *éticas*, e diz-se que a coincidência com as primeiras é a *legalidade*, a coincidência com as segundas, a *moralidade* da ação. A liberdade a que se referem as primeiras leis só pode ser a liberdade no uso externo do arbítrio, mas aquela a que se referem as últimas pode ser a liberdade tanto no uso externo como interno do arbítrio, enquanto é determinado por leis da razão. Por isso se diz na filosofia teórica: no espaço estão só os objetos do sentido externo, mas no tempo estão todos, tanto os objetos do sentido externo como os do interno; pois, as representações de ambos são, sem dúvida, representações e, nesta medida, pertencem na sua totalidade ao sentido interno. Se de igual modo se considerar a liberdade no uso externo ou interno do arbítrio, então as suas leis, como leis puras práticas da razão para o arbítrio livre, têm de ser ao mesmo tempo fundamentos internos de determinação do mesmo, embora nem sempre seja possível considerá-las sob este aspeto.

II

Ideia e necessidade de uma metafísica dos costumes

Demonstrou-se noutro lugar que tem de haver princípios *a priori* para a ciência da natureza, que se ocupa dos objetos dos sentidos externos, e que é possível, inclusive necessário, estabelecer um sistema destes princípios sob o nome de ciência metafísica da natureza, anteriormente à que se aplica a experiências particulares, isto é, à física. Mas esta (pelo menos quando para ela se trata de preservar do erro as suas proposições) pode aceitar vários princípios como universais, com base no testemunho da experiência, embora este último, para ser universalmente válido em sentido estrito, tenha de se derivar de fundamentos *a priori*; assim, Newton aceitou como fundado na experiência o princípio da igualdade da ação e da reação na influência recíproca dos corpos, e estendeu-o igualmente à totalidade da natureza material. Os químicos vão ainda mais longe e fundamentam totalmente na experiência as leis mais universais da união e da separação das matérias pelas suas próprias forças; contudo, confiam de tal modo na sua universalidade e necessidade que não receiam descobrir erro algum nos experimentos que com elas realizam.

Mas, com as leis morais, a questão é diferente. Só na medida em que se podem *discernir* como fundadas *a priori* e necessárias valem elas como leis; mais, os conceitos e os juízos sobre nós mesmos e sobre as nossas ações e omissões carecem de significado moral, quando contêm o que só se pode aprender da experiência, e se formos levados a transformar em princípio moral algo extraído desta última fonte, corremos o perigo de cair nos mais grosseiros e perniciosos erros.

Se a doutrina dos costumes não passasse de uma doutrina da felicidade, seria disparatado procurar-lhe princípios *a priori*. Pois, mesmo que se possa afigurar que a razão, ainda antes da experiência, consegue compreender por que meios conseguimos chegar ao desfrute duradoiro das verdadeiras alegrias da vida, tudo o que sobre isto se ensina *a priori* é ou tautológico, ou aceite sem fundamento algum. Só a experiência pode ensinar o que nos causa alegria. Os impulsos naturais para a alimentação, para o sexo, para o repouso, para o movimento, e os impulsos (no desenvolvimento das nossas disposições naturais) para a honra, para ampliar o nosso conhecimento, etc., são os únicos que podem dar a conhecer, e a cada qual só segundo o seu modo peculiar, onde devem situar aquelas alegrias; a própria experiência lhe pode ensinar os meios para as buscar. Todo o aparente arrazoamento *a priori* não é aqui, no fundo, mais do que experiência, elevada a generalidade por indução; generalidade (*secundum principia generalia, non universalia*) que é, ademais, tão precária que se deve permitir a cada qual uma infinidade de exceções para adaptar a eleição do seu modo de vida à sua peculiar inclinação e à sua predisposição para o prazer e, por último, se tornar prudente só à sua custa ou à de outrem.

Mas, com os preceitos da moralidade, a situação é distinta. Imperam eles sobre cada um sem atender às suas inclinações: unicamente porque, e na medida em que, é livre e está dotado de razão prática. O ensinamento nas suas leis não se extrai da observação de si mesmo e da própria animalidade, nem da perceção do curso do mundo, do que acontece e de como se age (embora a palavra alemã *Sitten* signifique só, como a latina *mores*, maneiras e formas de vida), mas a razão ordena como se deve agir, ainda que de tal se não encontrasse exemplo algum; e também não tem em conta a vantagem que daí nos pode advir e que, sem dúvida, só a experiência nos poderia ensinar. Embora ela nos permita buscar a nossa vantagem de todos os modos possíveis, e possa também, além disso, esperar com probabilidade, com base nos testemunhos da experiência, maiores vantagens do cumprimento dos seus mandamentos do que da sua transgressão, sobretudo quando intervém a prudência, contudo, não assenta nisto a autoridade das suas prescrições enquanto *mandamentos*, antes se serve deles (enquanto conselhos) só como de um contrapeso em face das seduções contrárias, para de antemão compensar o erro de uma ponderação parcial no juízo prático, e para a este garantir sobretudo uma ponderação concorde com o peso dos princípios *a priori* de uma razão pura prática.

Por conseguinte, se um sistema do conhecimento *a priori* mediante puros conceitos se chama *metafísica*, uma filosofia prática que não tem por objeto a natureza, mas a liberdade do arbítrio, pressuporá e exigirá uma metafísica dos costumes: isto é, *possuir* semelhante metafísica é em si mesmo um *dever*, e cada homem tem-na também em si mesmo, embora comummente só de um modo obscuro; pois, sem princípios *a priori*, como poderia ele julgar ter em si uma legislação universal? Assim como numa metafísica da natureza deve haver também princípios da aplicação dos princípios supremos universais de uma natureza em geral aos objetos da experiência, assim também não podem faltar numa metafísica dos costumes, e teremos de tomar frequentemente como objeto a *natureza* peculiar do homem, cognoscível só pela experiência, para nela *mostrar* as consequências dos princípios morais universais, sem todavia diminuir deste modo a pureza dos últimos, nem pôr em dúvida a sua origem *a priori*. — Quer isto dizer que uma metafísica dos costumes se não pode fundamentar na antropologia, embora a ela se possa aplicar.

O complemento de uma metafísica dos costumes, como outro membro da divisão da filosofia prática em geral, seria a antropologia moral que, no entanto, conteria apenas as condições subjetivas, tanto antagónicas como fomentadoras, da *realização* das leis da primeira na natureza humana, a criação, a difusão e a consolidação dos princípios morais (na educação e no ensino escolar e popular) e de igual modo outros ensinamentos e prescrições fundados na experiência; antropologia de que não se pode prescindir, mas que também não deve de modo algum preceder a metafísica dos costumes ou estar com ela misturada: corre-se então o perigo de extrair leis morais falsas ou, pelo menos, indulgentes, que fazem que pareça inacessível o que se não obtém justamente porque a lei é incompreensível e não se expõe na sua pureza (como aquilo em que também consiste a sua força), ou porque se utilizam móbiles inautênticos ou impuros para o que em si é bom e conforme com o dever, móbiles que não admitem nenhum princípio moral seguro, nem para servir de fio condutor ao juízo, nem para servir de disciplina ao ânimo no cumprimento do dever; e cuja prescrição, decerto, se há de dar só *a priori* mediante a razão pura.

Já noutro lugar (na *Crítica da Faculdade de Julgar*) me expliquei sobre a divisão superior, sob a qual se encontra a que acabo de mencionar, a saber, a divisão da filosofia em teórica e prática, e sobre o facto de que esta só pode ser a sabedoria moral cósmica. Todo o prático, que deve ser possível segundo leis da natureza (a ocupação própria da arte), depende totalmente da teoria da natureza, no tocante às suas prescrições; só o prático segundo leis da liberdade pode ter princípios que não dependem de teoria alguma; pois, além das determinações da natureza, não há teoria alguma. Portanto, a filosofia não pode considerar como parte prática (ao lado da sua parte teórica) nenhuma doutrina *técnico-prática*, mas só a *moral-prática*, e se a habilidade do arbítrio, seguindo leis da liberdade por oposição à natureza, tivesse de se chamar também arte, haveria que entender por isso uma arte tal que possibilite um sistema da liberdade, semelhante a um sistema da natureza; arte decerto divina, se conseguíssemos realizar totalmente, por meio dela, o que a razão nos prescreve e pôr em obra a sua ideia.

III

Divisão de uma metafísica dos costumes(3)

Toda a legislação (prescreva ela ações internas ou externas, e estas, quer *a priori* mediante a simples razão, quer mediante o arbítrio de outrem) encerra dois elementos: primeiro, uma lei que representa *objetivamente* como necessária a ação que deve ter lugar, isto é, que faz da ação um dever; segundo, um móbil que associa *subjetivamente* à representação da lei o fundamento determinante do arbítrio para tal ação; portanto, o segundo elemento consiste em que a lei faz do dever um móbil. Mediante o primeiro elemento, a ação representa-se como dever, o qual é um simples conhecimento teórico da possível determinação do arbítrio, isto é, da regra prática; por meio do segundo, a obrigação de assim agir une-se no sujeito a um fundamento de determinação do arbítrio em geral.

Portanto, quanto aos móbiles, a legislação pode ser diferente (embora, no tocante à ação que a converte em dever, possa concordar com outra legislação, por exemplo, as ações podem ser externas em todos os casos). A legislação que faz de uma ação um dever e desse dever, ao mesmo tempo, um móbil, é *ética*. Mas a que não inclui o último na lei e, portanto, admite ainda outro móbil distinto da própria ideia do dever, é *jurídica*. Quanto à última, facilmente se vê que estes móbiles, distintos da ideia do dever, se devem extrair dos fundamentos *patológicos*

---

(3) A *dedução* da divisão de um sistema, isto é, a prova da sua integralidade, como também da sua *comtinuidade* — a saber, que a passagem dos conceitos divididos para os membros da divisão ocorra na série completa das subdivisões sem nenhum salto (*divisio per saltum*) —, é uma das condições mais difíceis que o construtor de um sistema deve satisfazer. Difícil é também determinar qual é o *conceito supremo dividido* na partilha do *justo* ou *injusto* (*aut fas aut nefas*). É o ato do *livre arbítrio* em geral. Assim acontece aos mestres de ontologia, que começam por *algo* e *nada* como o primeiro, sem advertirem que são já membros de uma divisão, cujo conceito dividido falta, e que só pode ser o conceito de um *objeto* em geral.

da determinação do arbítrio, das inclinações e aversões e, entre estas, das últimas, porque tem de ser uma legislação que coaja, não um engodo que atraia.

A simples concordância ou discrepância de uma ação com a lei, sem ter em conta os móbiles da mesma, chama-se a *legalidade* (conformidade com a lei), mas aquela em que a ideia do dever segundo a lei é ao mesmo tempo o móbil da ação denomina-se a *moralidade* (eticidade) da mesma.

Os deveres consonantes com a legislação jurídica só podem ser externos, porque esta legislação não exige que a ideia do dever, que é interior, seja por si mesma fundamento de determinação do arbítrio do agente e, visto que ela carece ainda de um móbil adequado para a lei, só pode associar móbiles externos à lei. Pelo contrário, a legislação ética converte também em deveres ações internas, mas sem exclusão das externas, antes afeta tudo o que é dever em geral. Mas justamente porque a legislação ética inclui na sua lei o móbil interno da ação (a ideia do dever), cuja determinação não pode de modo algum desembocar na legislação externa, a legislação ética não pode ser externa (nem sequer a de uma vontade divina), embora na sua legislação admita como móbiles deveres que, *enquanto deveres*, radicam noutra legislação, isto é, numa legislação externa; donde se infere que todos os deveres, simplesmente por serem deveres, pertencem à ética; mas nem por isso a sua *legislação* está sempre contida na ética, antes a de muitos reside fora dela.

Ordena, pois, a ética que eu cumpra o compromisso contraído num contrato, embora a outra parte não possa de imediato a tal obrigar-me: mas vai buscar à doutrina do direito, como dados, a lei (*pacta sunt servanda*) e o dever a ela correspondente. Portanto, a legislação de que as promessas aceites se hão de cumprir não reside na ética, mas no *Ius*. A ética ensina só que, mesmo que se suprimisse o móbil que a legislação jurídica associa àquele dever, isto é, a coação externa —, a simples ideia do dever basta já como móbil. Pois, se assim não fosse, e se a própria legislação não fosse jurídica nem, portanto, fosse um autêntico dever jurídico, o que dela mana (diferentemente do dever de virtude), classificar-se-ia a fidelidade (conforme com a promessa num contrato) entre as ações de benevolência e na obrigação para com elas; o que de nenhum modo deve acontecer. Cumprir as promessas não é um dever virtuoso, mas um dever jurídico, a cujo cumprimento podemos ser coagidos. Mas cumpri-lo também quando não há que *recear* coação alguma é uma ação virtuosa (prova de virtude). Portanto, a doutrina do direito e a doutrina da virtude não se distinguem tanto pelos seus diferentes deveres quanto pela diferença de legislação, que associa um ou outro móbil à lei.

A legislação ética (possam embora os deveres ser também exteriores) é aquela que *não pode* ser exterior; a jurídica é a que também pode ser exterior. Assim, cumprir a promessa correspondente a um contrato é um dever externo; mas o mandamento de o fazer só porque é dever, sem ter em conta nenhum outro móbil, pertence apenas à legislação *interior*. Portanto, a obrigação não pertence à ética como um tipo particular de dever (um tipo particular de ações a que estamos obrigados) — pois é um dever exterior, tanto na ética como no direito — mas porque a legislação, no caso aduzido, é interior e não pode ter nenhum legislador externo. É justamente por esta razão que os deveres de benevolência se incluem na ética, embora sejam deveres exteriores (obrigações referidas a ações externas): a sua legislação só pode ser interna. — Tem a ética, sem dúvida, os seus deveres peculiares (por exemplo, os deveres para consigo mesmo), mas tem também deveres comuns com o direito, embora não o modo de *obrigação*. Realizar ações simplesmente porque são deveres e converter em móbil suficiente do arbítrio o princípio do próprio dever, venha este donde vier, é o peculiar da legislação ética. Há, pois, muitos deveres *éticos diretos*, mas a legislação interior faz também de todos os restantes deveres éticos indiretos.

IV

Conceitos preliminares da metafísica dos costumes *(Philosophia practica universalis)*

O conceito de *liberdade* é um conceito puro da razão que, precisamente por isso, é transcendente para a filosofia teórica, ou seja, é um conceito tal que para ele se não pode aduzir, em qualquer experiência possível, nenhum exemplo adequado; portanto, não constitui objeto algum de conhecimento teórico, que nos seja possível, e não pode vigorar como princípio constitutivo da razão especulativa, mas só como regulativo e, claro está, meramente negativo. Mas, no uso prático da razão, prova a sua realidade mediante princípios práticos que, enquanto leis, demonstram uma causalidade da razão pura para determinar o arbítrio independentemente de todas as condições empíricas (o sensível em geral), e que comprovam em nós uma vontade pura, na qual têm a sua origem os conceitos e as leis morais.

Neste conceito positivo (em sentido prático) de liberdade fundamentam-se leis práticas incondicionadas, que se dizem *morais*; para nós, que temos um arbítrio afetado sensivelmente e, portanto, se não ajusta por si mesmo à vontade pura, antes amiúde a contradiz, são elas *imperativos* (mandamentos ou proibições), e decerto imperativos categóricos (incondicionados); distinguem-se assim dos técnicos (das prescrições da arte), que só mandam de modo condicionado. Segundo estas leis, determinadas ações são *permitidas* ou *não permitidas*, isto é, são moralmente possíveis ou impossíveis; mas algumas delas, ou então as suas contrárias, são moralmente necessárias, a saber, obrigatórias, e daí lhes advém o conceito de um dever, cujo cumprimento ou transgressão está unido a um prazer ou desagrado de tipo especial (o de um *sentimento* moral) que, todavia, de nenhum modo podemos ter em conta nas leis práticas da razão [porquanto ele não afeta *o fundamento* das leis práticas, mas só o *efeito* subjetivo no ânimo, ao ser por aquelas determinado o nosso arbítrio, e pode (sem acrescentar ou tirar a estas algo da sua validez ou influxo objetivamente, isto é, no juízo da razão) diferir segundo os distintos sujeitos].

Os seguintes conceitos são comuns às duas partes da metafísica dos costumes.

Obrigação é a necessidade de uma ação livre sob um imperativo categórico da razão.

> O imperativo é uma regra prática, mediante a qual se *torna* necessária uma ação em si contingente. Distingue-se de uma lei prática, porque esta representa a necessidade de uma ação, mas sem ter em conta se esta em si mesma se encontra já *interiormente* presente de modo necessário no sujeito agente (num ser santo, por exemplo) ou é (como no homem) contingente; pois, no primeiro caso, não há imperativo algum. Por conseguinte, o imperativo é uma regra, cuja representação *torna* necessária uma ação subjetivamente contingente; representa, portanto, o sujeito como alguém que tem de ser *obrigado* (necessitado) a concordar com esta regra. — O imperativo categórico (incondicionado) é o que pensa uma ação como objetivamente necessária e a torna necessária, não de um modo mediato, graças à representação de um *fim* que se possa alcançar com a ação, mas através da simples representação dessa própria ação (da sua forma), isto é, imediatamente; nenhuma outra doutrina prática, exceto a que prescreve obrigação (a dos costumes), pode apresentar como exemplo tais imperativos. Todos os outros imperativos são *técnicos* e, na sua totalidade, condicionados. Mas o fundamento de possibilidade dos imperativos categóricos reside no facto de não se referirem a nenhuma outra determinação do arbítrio (graças à qual se lhe possa atribuir um propósito), mas unicamente à sua *liberdade*.

Permitida é uma ação (*licitum*) que se não opõe à obrigação; e chama-se permissão (*facultas moralis*) a esta liberdade, que não está limitada por nenhum imperativo oposto. A partir daqui subentende-se o que não é permitido (*illicitum*).

Dever é a ação a que alguém está obrigado. É, pois, a matéria da obrigação, e pode ser o mesmo dever (segundo a ação), embora possamos a ele estar obrigados de diversos modos.

O imperativo categórico, por enunciar uma obrigação relativamente a certas ações, é uma *lei* prático-moral. Porém, visto que a obrigação implica não só necessidade prática (como a que enuncia uma lei em geral), mas também *coerção*, o imperativo pensado é ou uma lei preceptiva, ou uma lei proibitiva, conforme se representar como dever o cumprimento ou a omissão. Uma ação que não está ordenada nem proibida é simplesmente *permitida*, porque em relação a ela não há lei alguma que limite a liberdade (permissão) nem, portanto, dever algum. Semelhante ação diz-se moralmente indiferente (*indifferens, adiaphoron, res merae facultatis*). Pode perguntar-se se haverá ações assim e se, no caso de existirem, será ainda necessária uma lei permissiva (*lex permissiva*) para que a alguém seja permitido agir ou omitir a seu bel-prazer, além da lei preceptiva (*lex praeceptiva, lex mandati*) e da lei proibitiva (*lex prohibitiva, lex vetiti*). Se assim fosse, a permissão não se referiria em todo o caso a uma ação indiferente (*adiaphoron*); pois, para semelhante ação, não se precisaria de lei alguma, se a consideramos a partir da perspetiva das leis morais.

Chama-se *ato* a uma ação na medida em que está submetida a leis da obrigação, portanto, também na medida em que nela o sujeito se considera à luz da liberdade do seu arbítrio. Graças a semelhante ato, considera-se o agente como *autor* do efeito, e a este, juntamente com a própria ação, pode ser-lhe *imputado*, quando se conhece previamente a lei em virtude da qual pesa sobre eles uma obrigação.

Pessoa é o sujeito cujas ações são suscetíveis de uma *imputação*. A personalidade *moral*, portanto, é apenas a liberdade de um ser racional submetido a leis morais (mas psicológica é unicamente a faculdade de se tornar consciente da identidade de si mesmo nos distintos estados da própria existência), donde se depreende que uma pessoa não está submetida a outras leis exceto às que ela a si mesma dá (sozinha ou, pelo menos, juntamente com outras).

Uma *coisa* é algo que não é suscetível de qualquer imputação. Todo o objeto do livre arbítrio, carente de liberdade, diz-se, portanto, coisa (*res corporalis*).

Correto ou *incorreto* (*rectum aut minus rectum*) em geral é um ato, na medida em que é conforme com o dever ou a ele contrário (*factum licitum aut illicitum*), seja de que tipo for o próprio dever quanto ao seu conteúdo ou quanto à sua origem. Um ato contrário ao dever diz-se transgressão (*reatus*).

Uma transgressão *não intencionada* que, todavia, se pode imputar, diz-se simples *culpa* (*culpa*). Uma intencionada (isto é, a que está ligada à consciência de ser uma transgressão) chama-se *delito* (*dolus*). O que é correto segundo leis externas diz-se *justo* (*iustum*), e o que não é, *injusto* (*iniustum*).

Um *conflito de deveres* (*collisio officiorum s. obligationum*) seria a relação entre eles em virtude da qual um anularia (total ou parcialmente) o outro. — Ora, visto que dever e obrigação em geral são conceitos que expressam a necessidade prática objetiva de certas ações, e uma vez que duas regras entre si opostas não podem ser ao mesmo tempo necessárias, mas quando é dever agir atendendo a uma, agir seguindo a outra não só não é dever algum mas, inclusive, contrário ao dever: é de todo impensável uma *colisão de deveres* e *de obrigações* (*obligationes non colliduntur*). Não obstante, num sujeito e na regra que ele a si prescreve pode haver duas razões da obrigação (*rationes obligandi*), das quais uma ou outra é insuficiente para obrigar (*rationes obligandi non obligantes*), porque então uma não é dever. Se duas razões semelhantes se opõem entre si, a filosofia prática não diz então que a obrigação mais forte conserva a supremacia (*fortior obligatio vincit*), mas que a *razão* mais forte para obrigar mantém o lugar (*fortior obligandi ratio vincit*).

Em geral, denominam-se leis externas (*leges externae*) as leis obrigatórias para as quais é possível uma legislação externa. Dentre elas dizem-se leis externas, mas *naturais*, aquelas às quais se reconhece uma obrigação *a priori* mediante a razão, inclusive sem legislação exterior; pelo contrário, as que não obrigam de modo algum sem legislação externa efetiva (sem a qual, portanto, não seriam leis), dizem-se leis *positivas*. Pode, pois, pensar-se uma legislação exterior que contivesse só leis positivas; mas então deveria precedê-la uma lei natural, que fundamentasse a autoridade do legislador (a saber, a faculdade de obrigar outros simplesmente mediante o seu arbítrio).

O princípio que converte em dever determinadas ações é uma lei prática. A regra do agente, que ele toma como princípio por razões subjetivas, é a sua *máxima*; daí que, relativamente a uma mesma lei, as máximas dos agentes possam ser muito diferentes.

O imperativo categórico, que em geral só enuncia o que é obrigação, reza assim: age segundo uma máxima que possa valer ao mesmo tempo como lei universal! — Portanto, deves, primeiro, considerar as tuas ações a partir do seu princípio subjetivo: podes reconhecer se esse princípio será também objetivamente válido só porque, submetido pela tua razão à prova de te pensares por meio dele, ao mesmo tempo como universalmente legislador, se qualifica para semelhante legislação universal.

A simplicidade desta lei em comparação com as grandes e múltiplas consequências que dela se podem extrair, bem como o seu aspeto de mandamento, apesar de não conter ostensivamente em si um móbil, devem decerto no início causar estranheza. Mas se, com a admiração em face da capacidade da nossa razão de determinar o arbítrio pela simples ideia da aptidão de uma máxima para aceder à *universalidade* de uma lei prática, aprendermos que justamente estas leis práticas (as morais) são as que primeiro dão a conhecer uma peculiaridade do arbítrio, a que nenhuma razão especulativa teria chegado, nem a partir de fundamentos *a priori* nem mediante experiência alguma e, se tivesse chegado a ela, não conseguiria mostrar a sua possibilidade por meio teórico algum, enquanto as leis práticas mostram incontestavelmente esta propriedade, a saber, a liberdade: então, torna-se menos estranho encontrar estas leis de *modo indemonstrável* e, todavia, *apodítico*, como os postulados matemáticos, e ver ao mesmo tempo aberto diante de si um campo inteiro de conhecimentos práticos, onde a razão no teórico, com esta mesma ideia de liberdade e com qualquer outra das ideias do suprassensível, encontrará, diante de si, tudo completamente fechado. A coincidência de uma ação com a lei do dever é a *legalidade* (*legalitas*) — a da máxima da ação com a lei é a *moralidade* (*moralitas*) da mesma. Mas a máxima é o princípio *subjetivo* para agir, que o próprio sujeito toma como regra (ou seja, como quer agir). Pelo contrário, o princípio do dever é o que a razão lhe ordena absolutamente, portanto, objetivamente (como deve agir).

O princípio supremo da doutrina dos costumes é, pois, este: age segundo uma máxima que possa valer ao mesmo tempo como lei universal. — Toda a máxima que para tal se não qualifique é contrária à moral.

Da vontade promanam as leis; do arbítrio, as máximas. Este último é, no homem, um arbítrio livre; a vontade, que se refere apenas à lei, nem se pode chamar livre nem não livre, porque não se refere às ações, mas imediatamente à legislação atinente às máximas das ações (portanto, a própria razão prática), daí que seja também absolutamente necessária e não seja ela própria *suscetível* de coerção alguma. Por conseguinte, só podemos denominar *livre* o *arbítrio.*

Mas a liberdade do arbítrio não se pode definir como a faculdade de escolher agir a favor ou contra a lei (*libertas indifferentiae*) — como alguns decerto pretenderam — embora o arbítrio, enquanto *fenómeno,* disso proporcione frequentes exemplos na experiência. Pois só conhecemos a liberdade (tal como se nos manifesta sobretudo através da lei moral) como uma propriedade *negativa* em nós, a saber, a propriedade de não sermos *forçados* a agir por nenhum fundamento sensível de determinação. Mas enquanto *noúmeno,* ou seja, considerando a faculdade do homem somente como inteligência, não podemos mostrar como o arbítrio sensível constrange, por conseguinte, não podemos de modo algum expô-la *teoricamente* na sua constituição positiva. Conseguimos apenas compreender bem o seguinte: que, embora o homem enquanto *ser sensível* mostre, segundo a experiência, uma faculdade de escolher, não só de acordo com a lei, mas também contra ela, não se pode assim *definir* a sua liberdade como *ser inteligível,* porque os fenómenos não podem tornar compreensível nenhum objeto suprassensível (como o arbítrio livre); e que a liberdade jamais pode consistir em que o sujeito racional possa escolher também contra a sua razão (legisladora); embora a experiência mostre com demasiada frequência que assim acontece (não podemos, porém, de tal conceber a possibilidade). — Uma coisa é admitir uma proposição (da experiência), outra transformá-la em *princípio explicativo* (do conceito de arbítrio livre) e em característica distintiva geral (no tocante ao *arbitrio bruto s. servo*), porque, no primeiro caso, não afirmamos que a característica pertença *necessariamente* ao conceito, o que todavia se pode exigir no segundo caso. — Em rigor, quanto à legislação interna da razão, a liberdade é só uma faculdade; a possibilidade de dela se apartar é uma incapacidade. Como se pode então explicar aquela a partir desta? Uma definição que acrescenta ao conceito prático o seu *exercício*, tal como ensina a experiência, é *uma definição espúria* (*definitio hybrida*), que apresenta o conceito a uma falsa luz.

Uma *lei* (prático-moral) é uma proposição que contém um imperativo categórico (mandamento). Quem ordena (*imperans*) mediante uma lei é o *legislador* (*legislator*). É autor (*autor*) da obrigatoriedade da lei, mas nem sempre autor da lei. No último caso, a lei seria positiva (contingente) e arbitrária. A lei que nos obriga *a priori* e incondicionalmente por meio da nossa própria razão, pode também expressar-se como dimanando da vontade de um legislador supremo, isto é, de um legislador que só tem direitos e nenhum dever (portanto, uma vontade divina); mas isto supõe apenas a ideia de um ser moral, cuja vontade para todos é lei — sem o pensar, porém, como autor da lei.

Imputação (*imputatio*) em sentido moral é o *juízo* mediante o qual alguém é considerado como autor (*causa libera*) de uma ação, que então se diz *ato* (*factum*) e está submetida a leis; se o juízo traz ao mesmo tempo consigo as consequências jurídicas do ato, é uma imputação judicial (*imputatio iudiciaria s. valida*), caso contrário, só uma imputação *ditaminadora* (*imputatio diiudicatoria*). — A pessoa (física ou moral) competente para imputar judicialmente chama-se juiz ou também tribunal (*iudex s. forum*).

É *meritório* (*meritum*) o que alguém faz a mais de acordo com o dever, em comparação com aquilo a que a lei o pode obrigar; o que ele faz só em conformidade com esta última é *devido* (*debitum*); por último, o que faz a *menos* em comparação com o que a última exige é *delito* moral (*demeritum*). O efeito *jurídico* de um delito é *a pena* (*poena*); o de um ato meritório, a *recompensa* (*praemium*) (na suposição de que esta, prometida na lei, foi a causa da ação); a adequação da conduta ao devido carece de efeito jurídico. — A *retribuição* benevolente (*remuneratio s. repensio benefica*) não tem *relação jurídica* com o ato.

As boas ou más consequências de uma ação devida — bem como as consequências da omissão de uma meritória — não se podem imputar ao sujeito (*modus imputationis tollens*).

As boas consequências de uma ação meritória — bem como as consequências más de uma ação ilegítima — podem imputar-se ao sujeito (*modus imputationis ponens*).

O grau de *imputabilidade* (*imputabilitas*) das ações valorizar-se-á subjetivamente, segundo a grandeza dos obstáculos que foi imperioso superar. — Quanto maiores são os obstáculos naturais (da sensibilidade), e quanto menor o obstáculo moral (do dever), tanto mais o *ato bom* se imputa como mérito; por exemplo, se salvo de um grande perigo um homem que me é totalmente estranho com um grande sacrifício da minha parte.

Pelo contrário, quanto menor é o obstáculo natural, e quanto maior é o obstáculo fundado no dever, tanto mais imputável é a infração (como delito). — Por conseguinte, na imputação, o estado de ânimo assinala uma diferença, que tem consequências: se o sujeito realizou o ato apaixonadamente ou com tranquila premeditação.

Introdução à Doutrina do Direito

§ A

O que é a doutrina do direito?

Dá-se o nome de *doutrina do direito* (*Ius*) ao conjunto de leis para as quais é possível uma legislação exterior. Se uma tal legislação é real, então é doutrina do *direito positivo*; e o jurisconsulto da mesma ou versado em direito (*Iurisconsultus*) diz-se *jurisperito* (*Iurisperitus*) se conhecer as leis externas também externamente, isto é, na sua aplicação aos casos que se apresentam na experiência, que pode muito bem converter-se também em *jurisprudência* (*Iurisprudentia*); sem ambas juntas, porém, resta só a *ciência do direito* (*Iurisscientia*). A última denominação corresponde ao conhecimento sistemático da doutrina do direito natural (*Ius naturae*), por mais que o jurisconsulto tenha de ir buscar à última os princípios imutáveis para toda a legislação positiva.

§ B

O que é o direito?

Se não quiser cair na tautologia, ou remeter para o que as leis de algum país propõem num dado tempo, em vez de fornecer uma solução geral, esta pergunta pode muito bem mergulhar o *jurisconsulto* na mesma perplexidade em que se encontra o lógico em face do desafio a que está chamado: *o que é a verdade?* O que seja de direito (*quid sit iuris*), isto é, o que dizem ou disseram as leis num determinado lugar e num tempo determinado, ainda o pode certamente dizer: mas se também é justo o que propunham e o critério geral para reconhecer tanto o justo como o injusto *(iustum et iniustum)*, permanecer-lhe-á oculto se, durante longo tempo, não abandonar aqueles princípios empíricos e demandar as fontes desses juízos na simples razão (embora para tal aquelas leis lhe possam servir perfeitamente como fio condutor) a fim de erigir os fundamentos de uma possível legislação positiva. Uma doutrina jurídica só empírica é (como a cabeça de madeira na fábula de Fedro) uma cabeça que pode ser formosa, mas que lamentavelmente não tem cérebro.

O conceito de direito, enquanto se refere a uma obrigação que lhe corresponde (isto é, o conceito moral do mesmo), afeta, *em primeiro lugar*, só a relação externa e, decerto, prática de uma pessoa com outra, ao passo que as suas ações, como factos, se podem entre si (imediata ou mediatamente) influenciar. *Em segundo lugar*, porém, não significa a relação do arbítrio ao desejo do outro [portanto, à simples necessidade (*Bedürfnis*)], como nas ações benéficas ou cruéis, mas só ao *arbítrio* do outro. *Em terceiro lugar*, nesta relação recíproca do arbítrio, não se atende de modo algum à *matéria* do arbítrio, a saber, ao fim que cada qual se propõe com o objeto que quer; por exemplo, não se pergunta se alguém pode beneficiar também ou não com a mercadoria que me compra para o seu próprio negócio; mas apenas se pergunta pela forma na relação do arbítrio de ambas as partes, na medida em que se considera unicamente como livre, e se assim a ação de um dos dois se pode conciliar com a liberdade do outro segundo uma lei universal.

O direito é, pois, o conjunto de condições sob as quais o arbítrio de um se pode harmonizar com o arbítrio do outro, segundo uma lei universal da liberdade.

§ C

Princípio universal do direito

«*Conforme com o direito* é uma ação que, ou cuja máxima, permite à liberdade do arbítrio de cada um coexistir com a liberdade de todos, de acordo com uma lei universal».

Portanto, se a minha ação, ou em geral o meu estado, pode coexistir com a liberdade de cada um segundo uma lei universal, ofende-me quem me levanta um obstáculo; pois tal obstáculo (essa resistência) não pode coexistir com a liberdade segundo leis universais.

Donde se segue também que se não pode exigir que o princípio de todas as máximas seja ao mesmo tempo a minha máxima, isto é, que dele faça a máxima da minha ação; pois cada um pode ser livre, embora a sua liberdade se me tome de todo indiferente ou deseje cordialmente prejudicá-la, contanto que o não prejudique com a minha *ação externa*. Tomar como máxima o agir conforme com o direito é uma exigência que a ética me faz.

Portanto, a lei universal do direito — «age externamente de modo tal que o uso livre do teu arbítrio possa coexistir com a liberdade de cada um segundo uma lei universal» — é decerto uma lei que me impõe uma obrigação, mas de nenhum modo espera, muito menos exige, que eu próprio deva restringir a minha liberdade a essas condições por essa obrigação; a razão só diz que está restringida a tal na sua ideia e que também pode ser de facto restringida por outros; e di-lo como um postulado, que não é suscetível de nenhuma prova ulterior. — Quando o propósito não consiste em ensinar a virtude, mas só em expor o que for conforme com o direito, não é lícito nem, inclusive, se deve apresentar aquela lei do direito como móbil da ação.

§ D

O direito está ligado à faculdade de coagir

A resistência que se opõe a quem estorva um efeito fomenta esse efeito e com ele concorda. Ora bem, tudo o que é contrário ao direito é um obstáculo à liberdade segundo leis universais; mas a coação é um obstáculo ou uma resistência à liberdade. Portanto, se um determinado uso da própria liberdade é um obstáculo à liberdade segundo leis universais (isto é, contrário ao direito), então a coação que se lhe opõe, enquanto obstáculo perante quem estorva a liberdade, concorda com a liberdade segundo leis universais; a saber, é conforme com o direito: por conseguinte, ao direito está ao mesmo tempo associada a faculdade de coagir quem o viola, de harmonia com o princípio de contradição.

§ E

O direito estrito também se pode representar como a possibilidade de uma universal coação recíproca, condizente com a liberdade de cada um, segundo leis universais

Esta proposição significa o seguinte: o direito não se pode pensar como composto por dois elementos, a saber, a obrigação segundo uma lei e a faculdade de quem obriga os outros pelo seu arbítrio de a tal os coagir, mas podemos estabelecer imediatamente o conceito de direito sobre a possibilidade de ligar a universal coação recíproca à liberdade de cada um. Assim, como o direito em geral só tem por objeto o que nas ações é exterior, o direito *estrito*, ou seja, aquele que não está mesclado com nada de ético, é o que exige apenas fundamentos externos de determinação do arbítrio; pois, então é puro e não está misturado com prescrições referidas à virtude. Portanto, só se pode chamar direito estrito (restringido) ao direito inteiramente externo. Este funda-se, sem dúvida, na consciência da obrigação de cada um, segundo a lei; ora, para determinar o arbítrio de acordo com ela, nem lhe é lícito nem pode, se é que deve ser puro, recorrer a esta consciência como móbil, mas apoia-se no princípio da possibilidade de uma coação exterior, que pode coexistir com a liberdade de cada um, segundo leis universais. — Por conseguinte, quando se diz «um credor tem o direito de exigir ao seu devedor o pagamento da dívida», tal não significa que consiga persuadi-lo de que sua própria razão o obriga ao pagamento, mas uma coação, que obriga a todos a fazer isto, pode muito bem coexistir com a liberdade de cada qual, portanto, também com a sua, segundo uma lei externa universal: direito e faculdade de coagir significam, pois, uma e mesma coisa.

A lei de uma coação recíproca que concorda necessariamente com a liberdade de todos sob o princípio da liberdade universal é, por assim dizer, a *construção* daquele conceito, isto é, a exposição do mesmo numa intuição pura *a priori*, segundo a analogia da possibilidade dos movimentos livres dos corpos sob a lei da *igualdade da ação e da reação.* Ora bem, assim como na matemática pura se não podem deduzir as propriedades do seu objeto imediatamente a partir do conceito, mas apenas se podem descobrir mediante a construção do conceito, assim também não é tanto o *conceito* de direito, quanto a coação totalmente recíproca e igual, submetida a leis universais e com ele coincidente, o que possibilita a exposição deste conceito. Mas, assim como a este conceito dinâmico subjaz na matemática pura (por exemplo, na geometria) ainda puramente formal, a razão tem o cuidado de, quanto possível, fornecer também o entendimento com intuições *a priori* para construir o conceito de direito. — O recto (*rectum*), como o *direito*, opõe-se em parte ao *curvo*, em parte ao *oblíquo.* No primeiro caso, temos a *constituição interna* de uma linha, de tal modo que entre dois pontos dados só pode haver *uma*; mas, no segundo, temos a *posição* de duas *linhas* que se cortam ou entre si chocam, das quais também só pode haver *uma* (a perpendicular) que não se incline mais para um lado do que para o outro e que divida o espaço em duas partes iguais; de acordo com esta analogia, também a doutrina do direito quer determinar a cada qual o *seu* (com precisão matemática), coisa que não se pode esperar na *doutrina da virtude*, a qual não pode recusar um certo espaço para as exceções (*latitudinem*). — Mas, sem ingressar na esfera da ética, há dois casos que exigem uma decisão jurídica e para os quais não se pode encontrar ninguém que os decida, e que de certo modo pertencem aos *intermundia* de Epicuro. — Temos, primeiro, de os separar da doutrina do direito propriamente dita, à qual queremos passar dentro em breve, a fim de que os seus vacilantes princípios não influam nos firmes princípios da primeira.

Apêndice à Introdução à Doutrina do Direito

O direito equívoco (Ius aequivocum)

A todo o direito em sentido *estrito* (*ius strictum*) está ligada a faculdade de coagir. Mas pode pensar-se ainda um direito em sentido *amplo* (*ius latum*), no qual é impossível determinar mediante lei alguma a capacidade de coagir. — Estes direitos, autênticos ou supostos, são dois: a *equidade* e o *direito de necessidade*; o primeiro admite um direito sem coação; o segundo, uma coação sem direito, e é fácil precatar que esta ambiguidade assenta realmente no facto de que há casos de um direito duvidoso, para cuja resolução não há nenhum juiz competente.

I

A equidade (*aequitas*)

A *equidade* (objetivamente considerada) não é de modo algum uma razão para apelar só para o dever ético de outros (para a sua benevolência e bondade); quem exige algo nesta base apoia-se no seu *direito*, só que lhe faltam as condições de que o juiz necessita para poder determinar segundo elas quanto ou de que modo é possível satisfazer a sua reclamação. Quem numa sociedade comercial, constituída sobre a igualdade dos benefícios e que se dissolveu, contribuiu, todavia, mais do que os outros, mas *perdeu* mais nisso do que os demais membros por circunstâncias infelizes, pode, de harmonia com a *equidade*, exigir da sociedade algo mais do que ir só a partes iguais. Mas, segundo o direito propriamente dito (estrito), seria rejeitado juntamente com a sua reclamação, pois, se se imaginar um juiz no seu caso, carece de dados precisos (*data*) para estipular quanto lhe corresponde segundo o contrato. O criado, a quem se paga o salário anual em moeda desvalorizada durante esse tempo, com o qual não pode conseguir o que por ele teria podido adquirir, ao fazer o contrato com este igual valor numérico mas desigual valor efetivo, não pode invocar o seu direito a ser por ele indemnizado, mas só a apelar para a equidade como fundamento (uma divindade muda que não pode ser ouvida): pois, no contrato, nada se estipulou sobre isso e um juiz não pode decidir atendo-se a condições indeterminadas.

Daqui se segue também que um *tribunal de equidade* (numa querela de outros sobre os seus direitos) encerra em si uma contradição. Só quando são afetados os próprios direitos do juiz e naquilo de que ele pessoalmente pode dispor lhe é permitido e forçoso prestar ouvidos à equidade; por exemplo, quando a Coroa assume os danos que outros sofreram ao seu serviço e cuja reparação se implora, embora pudesse recusar esta petição segundo o direito estrito, alegando que eles assumiram tais danos por sua conta e risco.

É este, pois, o *apotegma* (*dictum*) da *equidade*; «o direito mais estrito constitui a maior injustiça» (*summum ius summa iniuria*); mas este dano não se pode remediar por via jurídica, embora afete uma exigência jurídica, porque esta só pertence ao *tribunal da consciência* (*forum poli*), ao passo que toda a questão jurídica se levará perante o direito civil (*forum soli*).

II

O direito de necessidade
(ius necessitatis)

Este pretenso direito consistirá na faculdade de tirar a vida a outro, que não me fez mal algum, quando a minha própria vida está em perigo. É evidente que aqui se deve encerrar uma contradição da doutrina do direito consigo mesma – pois não se trata então de um agressor *injusto* da minha vida, a quem me antecipo tirando-lhe a *sua* (*ius inculpatae tutelae*) — caso em que recomendar moderação (*moderamen*) corresponde só à ética e não ao direito —, mas de uma violência permitida contra alguém que não exerceu contra mim violência alguma.

É claro que esta afirmação se não entenderá objetivamente segundo o que uma lei prescreve, mas só subjetivamente, a saber, como se pronunciaria a sentença perante um tribunal. Não pode, de facto, haver nenhuma *lei penal* que imponha a morte a quem num naufrágio, correndo com outro o mesmo risco de morte, o deitar fora da tábua em que se pôs a salvo, para se salvar a si mesmo. Pois a pena com que a lei ameaçasse não poderia, decerto, ser maior do que a de perder a vida. Num caso assim, semelhante lei penal não pode ter o efeito pretendido, porque a ameaça de um mal, que é ainda *incerto* (o da morte por sentença judicial), não pode superar o medo em face de um mal *certo* (isto é, morrer afogado). Portanto, o ato de salvar a própria vida mediante a violência não se julgará como *irreprovável* (*inculpabile*), mas só como *não punível* (*impunibile*) e, por uma assombrosa confusão dos jurisconsultos, esta impunibilidade subjetiva tem-se por objetiva (conforme com a lei).

O apotegma do direito de necessidade reza assim: «A necessidade carece de lei (*necessitas non habet legem*)»; e, todavia, não pode haver necessidade alguma que torne legal o que é injusto.

Vê-se que, nestes dois juízos jurídicos (segundo o direito de equidade e o direito de necessidade), o *equívoco* (*aequivocatio*) surge quando os fundamentos objetivos se confundem com os subjetivos do exercício do direito (perante a razão e diante do tribunal), pois o que alguém com boas razões reconhece por si mesmo como justo não pode encontrar confirmação diante de um tribunal, e o que ele tem de julgar como injusto em si pode alcançar indulgência perante o próprio tribunal: porque o conceito de direito nestes dois casos não se tomou com o mesmo significado.

Divisão da Doutrina do Direito

A

Divisão geral dos deveres jurídicos

Esta divisão pode muito bem fazer-se de acordo com *Ulpiano*, se dermos às suas fórmulas um sentido que ele, sem dúvida, não pôde conceber claramente, mas que, todavia, se pode desenvolver ou incorporar a partir delas. São as seguintes:

1) *Sê um homem honesto* (*honeste vive*). A *honestidade jurídica* (*honestas iuridica*) consiste em afirmar o próprio valor como homem na relação com outro, dever que se expressa na proposição: «Não te convertas num simples meio para os demais, mas sê para eles ao mesmo tempo um fim». Este dever clarificar-se-á a seguir como obrigação dimanada do direito da humanidade na nossa própria pessoa (*Lex iusti*).
2) *Não prejudiques ninguém* (*neminem laede*), ainda que para tal tenhas de te desligar de toda a relação com outro e evitar toda a sociedade (*Lex iuridica*).
3) *Entra* (se não podes evitar o último) numa sociedade com outros, em que a cada qual se possa preservar o *seu* (*suum cuique tribue*). — Se esta última fórmula se traduzisse como: «dá a cada um o *seu*», formularia um despropósito; pois a ninguém se pode dar o que já tem. Por conseguinte, se houver de ter um sentido, deveria dizer-se assim: «*entra* numa situação em que a cada qual se possa assegurar o *seu* perante os outros» (*Lex iustitiae*).

As três fórmulas clássicas acima mencionadas são, pois, ao mesmo tempo, princípios da divisão do sistema dos deveres jurídicos em deveres *internos*, *externos* e naqueles que contêm a derivação dos últimos a partir do princípio dos primeiros por subsunção.

B

Divisão geral dos direitos

1) Dos direitos, como *preceitos* sistemáticos: *direito natural*, que se baseia apenas em princípios *a priori*, e *direito positivo* (estatutário), que procede da vontade de um legislador.
2) Dos direitos, como *faculdades* (morais) de obrigar outros, isto é, como um fundamento legal relativamente aos últimos (*titulum*), cuja divisão suprema é a classificação em direito *inato* e *adquirido*; o primeiro deles é o que corresponde a cada um por natureza, independentemente de todo o ato jurídico; o segundo é aquele para o qual se requer um ato deste tipo.

O *meu* ou o *teu* inato pode também chamar-se o *interno* (*meum vel tuum internum*); porque o externo será sempre adquirido.

O direito inato é apenas um só

A *liberdade* (independência em relação ao arbítrio constritivo de outrem), na medida em que pode coexistir com a liberdade de qualquer outro segundo uma lei universal, é este direito único, originário, que cabe a todo o homem em virtude da sua humanidade. — A *igualdade* inata, ou seja, a independência, que consiste em não ser obrigado por outros exceto àquilo a que também reciprocamente podemos obrigá-los; por conseguinte, a qualidade do homem de ser o *seu próprio senhor* (*sui iuris*). De igual modo, a de ser um homem *íntegro* (*iusti*), porque não cometeu injustiça alguma anteriormente a todo o ato jurídico; por último, também a faculdade de fazer a outros o que em si os não prejudica no que é seu, se eles assim o não querem aceitar; como, por exemplo, comunicar a outros o próprio pensamento, contar-lhes ou prometer-lhes algo, seja verdadeiro e sincero, ou falso e fingido (*veriloquium aut falsiloquium*), porque somente deles depende querer acreditar ou não([4]) — todas estas faculdades se encontram já no princípio da liberdade inata e dela realmente não se distinguem (como membros da divisão sob um conceito superior do direito).

O propósito com que se efetuou semelhante divisão no sistema do direito natural (enquanto se refere ao direito inato) é o seguinte: para que ao surgir uma disputa em torno de um direito adquirido e se perguntar a quem cabe a obrigação de provar (*onus probandi*), ou um ato duvidoso ou, se este foi indagado, um direito duvidoso, aquele que rejeita esta obrigação possa apelar metodicamente, e como que atendendo a distintos títulos jurídicos, para o seu direito inato à liberdade (que então se especifica segundo as suas relações).

Em virtude de não haver *direitos* no tocante ao inato, por conseguinte, ao *meu* e ao *teu* interno, mas só *um* direito, delineia-se nos prolegómenos esta divisão suprema, como constituída por dois membros extremamente desiguais quanto ao conteúdo, e a divisão da doutrina do direito só pode referir-se ao *meu* e ao *teu* externos.

([4]) Dizer de modo intencional uma falsidade, ainda que seja só de modo irrefletido, costuma chamar-se habitualmente *mentira* (*mendacium*), porque pode prejudicar, pelo menos na medida em que quem confiadamente a repete cai no ridículo diante dos outros por ser crédulo. Mas, na aceção jurídica, só se deve chamar mentira à falsidade que lesa imediatamente outrem no seu direito; por exemplo, o fingimento falso de um contrato, assinado com alguém para lhe roubar o que é seu (*falsiloquium dolosum*); e esta distinção entre conceitos muito afins não carece de fundamento: pois, ao explicar o próprio pensamento, o outro permanece sempre livre de o aceitar para o que quiser, embora o descrédito fundado de que é um homem em cuja palavra se não pode crer se aproxime tanto da censura de o chamar mentiroso que, com dificuldade, se distingue a linha divisória entre o que pertence ao *ius* e o que pertence à ética.

C

Divisão da metafísica dos costumes em geral

Todos os deveres são ou *deveres jurídicos* (*officia iuris*), isto é, aqueles para os quais é possível uma legislação exterior, ou *deveres de virtude* (*officia virtutis s. ethica*), para os quais semelhante legislação é impossível; os últimos não se podem submeter a nenhuma legislação exterior, porque se dirigem a um *fim* que é, ao mesmo tempo, um dever (ou é um dever tê-lo); mas nenhuma legislação exterior pode conseguir que alguém se proponha um fim (porque é um ato interno do ânimo); embora se possam ordenar ações externas que a ele induzam, sem que o sujeito a si as proponha como fim.

Mas porque é que habitualmente se dá à doutrina dos costumes (moral) o título de doutrina dos *deveres* (sobretudo Cícero), e não também doutrina dos *direitos*, já que uns se referem aos outros? — A razão é esta: só conhecemos a nossa própria liberdade (de que procedem todas as leis morais, portanto, também todos os direitos e os deveres) mediante o *imperativo moral*, o qual é uma proposição que ordena o dever, e a partir da qual se pode desenvolver depois a faculdade de obrigar outros, isto é, o conceito de direito.

II

Visto que o homem pode e deve ser representado na doutrina dos deveres de acordo com a propriedade da sua faculdade de liberdade, que é totalmente suprassensível e, portanto, segundo apenas a sua *humanidade* como personalidade independente de determinações físicas (*homo noumenon*), diferentemente do mesmo homem como sujeito afetado por tais determinações (*homo phaenomenon*), direito e fim, referidos de novo ao dever a partir desta dupla propriedade, fornecerão a seguinte classificação:

Divisão segundo a relação objetiva da lei com o dever

Dever perfeito

Dever para com os outros			Dever para com os outros
	1. O direito da humanidade na nossa própria pessoa	2. O direito dos homens	
	Dever (jurídico)		
	Dever (de virtude)		
	3. O fim da humanidade na nossa própria pessoa	4. O fim dos homens	

Dever imperfeito

III

Visto que os sujeitos a cujo respeito se pensa uma relação do direito ao dever (seja ela possível ou não) admitem relações diferentes, podemos empreender também uma divisão com este propósito:

Divisão segundo a relação subjetiva dos obrigantes e dos obrigados

1. Relação jurídica do homem com seres que carecem de direitos e de deveres.	2. Relação jurídica do homem com seres que têm tanto direitos como deveres.
Vacat. Porque são seres irracionais, que nem nos obrigam nem podemos por eles ser obrigados.	Adest. Porque é uma relação de homens com homens.
3. Relação jurídica do homem com seres que têm só deveres e nenhum direito.	4. Relação jurídica do homem com um ser que tem só direitos e nenhum dever (Deus).
Vacat. Porque seriam homens sem personalidade (servos, escravos).	Vacat. Ou seja, só na filosofia, porque não é objeto algum da experiência possível.

Portanto, só no n.º 2 se depara com uma relação real entre direito e dever. A razão pela qual se não encontra também no n.º 4 é a seguinte: porque seria um dever *transcendente,* a saber, um dever para o qual se não pode aduzir nenhum sujeito obrigante externo que lhe corresponda, com o qual a relação é só ideal do ponto de vista teórico, ou seja, relação com um produto mental, do qual elaboramos um conceito frutífero, mas não através do seu conceito totalmente vazio, antes em referência a nós mesmos e às máximas da moralidade interna, por conseguinte, com uma intenção prática interna, e só nisto consiste todo o nosso dever *imanente* (realizável) nesta relação meramente pensada,

Divisão da moral
como sistema dos deveres em geral

- Doutrina elementar
  - Deveres de virtude
  - Deveres jurídicos
    - Direito privado
    - Direito público e assim sucessivamente tudo
- Doutrina do método
  - Didática
  - Ascética

o que não contém só os materiais, mas também a forma arquitetónica de uma doutrina científica dos costumes; quando para tal os princípios metafísicos tiverem descoberto inteiramente os princípios universais.

* * *

A divisão suprema do direito natural não pode ser a divisão em direito *natural* e *social* (como, às vezes, acontece), mas a divisão em direito natural e *civil*: o primeiro denomina-se *direito privado* e o segundo *direito público*. Pois ao *Estado de Natureza* não se contrapõe o Estado Social, mas o Civil: naquele pode, de facto, haver sociedade, só que não *civil* (que assegura o *meu* e o *teu* por meio de leis públicas); daí que o direito no primeiro caso se chame direito privado.

DOUTRINA DO DIREITO

PARTE I

O DIREITO PRIVADO

SOBRE O *MEU* E O *TEU* EXTERIOR EM GERAL

Capítulo primeiro

O MODO DE TER ALGO EXTERIOR COMO *SEU*

§ 1

O *juridicamente meu* (*meum iuris*) é aquilo a que estou tão ligado que qualquer uso que outrem dele possa fazer sem o meu consentimento me lesaria. A condição subjetiva da possibilidade do uso em geral é a *posse*.

Mas algo *exterior* só seria meu se eu pudesse supor que o uso que qualquer outro faz de uma coisa me pode lesar, embora *eu não esteja na posse dela.* — Portanto, ter algo exterior como *seu* é contraditório, se o conceito de posse não fosse suscetível de diferentes significados, a saber, o de posse *sensível* e o de posse *inteligível*, e se não pudesse entender-se num caso a posse física e, no outro, uma posse *meramente jurídica* do mesmo objeto.

A expressão: «um objeto *está fora de mim*» pode significar: ou que se trata apenas de um objeto *diferente* de mim (do sujeito), ou também que se encontra situado espacial ou temporalmente *noutro lugar (positus)*. Só no primeiro sentido se pode pensar a posse como posse racional; mas, no segundo, teria de aludir a uma posse empírica. — Uma posse *inteligível* (se tal é possível) é uma posse *sem possessão* (*detentio*).

§ 2

Postulado jurídico da razão prática

É possível ter como *meu* qualquer objeto exterior do meu arbítrio; ou seja, é contrária ao direito uma máxima segundo a qual, se ela se transformasse em lei, um objeto do arbítrio teria de ser *em si* (objetivamente) um objeto *sem dono* (*res nullius*).

Um objeto do meu arbítrio é, com efeito, algo cujo uso está *fisicamente* em meu poder. Mas se de nenhum modo pudesse estar *juridicamente* em meu poder, isto é, se usá-lo não fosse compatível (fosse injusto) com a liberdade de qualquer outro segundo uma lei universal: então a liberdade privar-se-ia a si mesma de usar o seu arbítrio em relação a um objeto do mesmo, ao impossibilitar o uso de objetos *utilizáveis*, isto é, ao anulá-los do ponto de vista prático e ao convertê-los em *res nullius*; embora o arbítrio, no uso das coisas, coincidisse *formaliter* com a liberdade exterior de cada um segundo leis universais. — Mas porque a razão pura prática só adota leis formais do uso do arbítrio e, portanto, abstrai da matéria do arbítrio, a saber, da restante constituição do objeto, *contanto que seja um objeto do arbítrio*, não pode esta conter nenhuma proibição absoluta de usar tal objeto, porque isso seria uma contradição da liberdade externa consigo mesma. — Contudo, um objeto do meu arbítrio é aquilo que tenho capacidade física de usar à vontade, aquilo cujo uso está em meu poder (*potentia*); dele se há de distinguir o ter o mesmo objeto em meu poder (*in potestatem meum redactum*), o que pressupõe não só uma capacidade, mas também um *ato* do arbítrio. Porém, para pensar algo apenas como objeto do meu arbítrio, basta a consciência de o ter em meu poder. — Portanto, é um pressuposto *a priori* da razão prática considerar e tratar qualquer objeto do meu arbítrio como *meu* e *teu* objetivamente possíveis.

Pode este postulado chamar-se uma lei permissiva (*lex permissiva*) da razão prática, que nos confere a competência que não poderíamos extrair dos simples conceitos do direito em geral; a saber, impor a todos os outros uma obrigação que, de outro modo, não teriam: a de se abster de usar certos objetos do nosso arbítrio, porque deles previamente nos apossámos. A razão quer que este vigore como princípio, e tal decerto como razão *prática*, que se amplia *a priori* mediante este seu postulado.

§ 3

Quem pretenda afirmar que tem uma coisa como sua deverá estar na posse do objeto; pois, se não estivesse, nenhuma lesão lhe causaria quem o usasse sem o seu consentimento; se este objeto é afetado por algo fora dele, que não lhe esteja de modo algum juridicamente ligado, não poderia afetá-lo a ele mesmo (ao sujeito) nem com ele ser injusto.

§ 4

Exposição do conceito do meu *e do* teu *exterior*

Segundo as categorias de *substância, causalidade* e *comunidade* entre os objetos externos e eu, de harmonia com as leis da liberdade, os objetos exteriores do meu arbítrio só podem ser três: 1) uma *coisa* (corporal) fora de mim; 2) o *arbítrio* de outrem relativamente a um ato determinado (*praestatio*); 3) o *estado* de outrem em relação a mim.

a) Não posso chamar meu a um objeto no *espaço* (uma coisa corporal), a não ser que, *embora sem o possuir fisicamente*, possa, todavia, afirmar que o possuo efetivamente de outro modo (portanto, não fisicamente). — Assim, não direi minha uma maçã, por tê-la na minha mão (possuí-la fisicamente), mas só quando posso dizer: possuo-a, embora a tenha afastado de mim, onde quer que seja; de igual modo, não poderei dizer do chão em que me encontro que seja meu por isso; mas só se puder afirmar que continua a estar na minha posse, mesmo após eu ter abandonado tal lugar. Pois, quem quisesse tirar-me da mão a maçã no primeiro caso (o da posse empírica) ou expulsar-me do meu lugar, lesar-me-ia decerto no meu *interior* (a liberdade), mas não no meu *exterior*, a não ser que eu pudesse afirmar que, mesmo sem possessão, estou na posse do objeto; portanto, também não poderia chamar meus a estes objetos (a maçã e o lugar).

b) Não posso dizer minha a *prestação* de algo pelo arbítrio de outrem, se apenas posso dizer que chegou a estar na minha posse ao mesmo tempo que a sua promessa (*pactum re initum*), mas só se me for licito afirmar que estou na posse do arbítrio do outro (de o determinar à prestação), embora o tempo da prestação ainda esteja por vir; a promessa do último pertence então ao meu haver e aos meus bens (*obligatio activa*) e posso contar com a prestação como minha, não só quando já tenho na minha posse o *prometido* (como no primeiro caso), mas também ainda que o não possua. Poderei, portanto, pensar-me como independente da posse restringida à condição temporal, logo, como independente da possessão empírica, e todavia na posse desse objeto.

c) Posso chamar meus a uma *mulher*, a um *filho*, a um *criado* e, em geral, a qualquer outra pessoa, não porque os governe agora como pertencentes à minha casa, ou os tenha sob o meu controlo, em meu poder e posse, mas, embora se tenham subtraído à minha coerção e eu, portanto, os não possua (empiricamente), se puder dizer, todavia, que os possuo mediante a minha simples vontade, enquanto existirem em qualquer sítio e em qualquer momento, portanto, de modo meramente jurídico; daí que pertençam ao meu haver só se e na medida em que posso afirmar o último.

§ 5

Definição do conceito do meu *e do* teu *exterior*

A *definição nominal*, isto é, a que chega para *distinguir* um objeto de todos os outros e provém de uma *exposição* completa e determinada do conceito, seria a seguinte: o *meu* externo é aquilo fora de mim, cujo uso arbitrário não me pode ser impedido sem lesão (sem dano para a minha liberdade, que pode coexistir com a liberdade de qualquer outro segundo uma lei universal). — Mas a definição real deste conceito, ou seja, aquela que basta também para a sua dedução (para o conhecimento da possibilidade do objeto), reza assim: o *meu* externo é aquilo cujo uso não me pode ser estorvado sem me lesar, mesmo quando eu não tenha a posse dele (não seja detentor do objeto). — Devo ter alguma posse do objeto exterior, se ele houver de se chamar *meu*; pois, de outro modo, quem agisse sobre este objeto contra a minha vontade não me afetaria ao mesmo tempo a mim e, portanto, também não me lesaria. Daí que, segundo o § 4, se deva pressupor como possível *uma posse inteligível* (*possessio noumenor*), se é que deve haver um *meu* ou um *teu* externo; a posse empírica (possessão) é então só posse no *fenómeno* (*possessio phaenomenon*), mesmo quando o *objeto* que possuo não seja aqui considerado como fenómeno, tal como acontece na analítica transcendental, mas como coisa em si; ali tratava-se, para a razão, do conhecimento teórico da natureza das coisas, e até onde ela pode chegar, mas aqui trata-se da determinação prática do arbítrio de acordo com as leis da *liberdade*, quer o objeto seja cognoscível pelos sentidos ou só pelo entendimento puro, e o direito é um tal conceito racional puro prático do arbítrio sob leis da liberdade.

Justamente por isso também se não deveria dizer de modo razoável: possuir um direito sobre este ou aquele objeto, mas antes possuí-lo *só juridicamente*; pois o direito é já uma posse intelectual de um objeto, mas possuir uma posse seria uma expressão sem sentido.

§ 6

Dedução do conceito da posse meramente jurídica de um objeto exterior (possessio noumenon)

A questão «como são possíveis um *meu* e um *teu* exteriores?» resolve-se nesta: «como é possível *uma posse meramente jurídica* (*inteligível*)?», e esta, por seu turno, numa terceira: «como é possível uma proposição jurídica *sintética a priori*?»

Todas as proposições jurídicas são proposições *a priori*, porque são leis racionais (*dictamina rationis*). A proposição jurídica *a priori* é, em relação à *posse empírica*, *analítica*, porque apenas diz o que se infere da última segundo o princípio de contradição; a saber, que se sou o detentor de uma coisa (portanto, fisicamente ligado a ela), aquele que age sobre ela contra o meu consentimento (por exemplo, tira-me a maçã da mão), afeta e reduz o *meu* interno (a minha liberdade), por conseguinte, na sua máxima está em contradição direta com o axioma do direito. A proposição acerca de uma posse legal empírica não vai, pois, além do direito de uma pessoa em relação a si mesma.

Em contrapartida, a proposição acerca da possibilidade da posse de uma coisa *fora de mim*, abstraindo de todas as condições da possessão empírica no espaço e no tempo (portanto, o pressuposto da possibilidade de uma *possessio noumenon*), vai além dessas condições restritivas e, por estabelecer uma posse também sem retenção como necessária para o conceito do *meu* e do *teu* exterior, é *sintética*; e pode servir de tarefa para a razão mostrar como é possível uma tal proposição *a priori*, que se estende além do conceito da possessão empírica.

Deste modo, por exemplo, a posse de um terreno particular é um ato do arbítrio privado, sem todavia ser *arbitrário*. O possuidor funda-se na *posse comum* inata do solo e na vontade universal, que *a priori* lhe corresponde, de permitir uma *posse privada* do mesmo (porque, de outro modo, as coisas desocupadas ter-se-iam convertido em si, e segundo uma lei, em coisas sem dono) e adquire originariamente, mediante a primeira posse, um determinado terreno, ao opor-se com direito (*iure*) a qualquer outro que o impedisse no seu uso privado, embora no Estado de Natureza não o faça em virtude do direito (*de iure*), porque no mesmo ainda não existe nenhuma lei pública.

Ainda que um terreno se considerasse ou se declarasse *livre*, ou seja, aberto ao uso de cada qual, não se pode todavia dizer que esteja livre por natureza e originariamente, antes de todo o ato jurídico, porque então haveria também uma relação com as coisas, a saber, com o terreno, que negaria a todos a sua posse, mas sim porque esta liberdade do terreno seria para cada qual uma proibição de dele se servir; para tal requer-se uma posse comum do solo, que não pode existir sem contrato. Mas um solo que só pode ser livre graças a um contrato tem de estar realmente na posse de todos aqueles (entre si associados) que se interditam reciprocamente o uso do mesmo ou o suspendem.

Esta comunidade *originária* do solo e, portanto, também das coisas que nele há (*communio fundi originaria*) é uma ideia que tem realidade objetiva (prático-jurídica); distingue-se totalmente da comunidade primordial (*communio primaeva*), que é uma ficção; pois esta deveria ter sido uma comunidade *instituída* e resultante de um contrato mediante o qual todos renunciavam à posse privada, e cada um teria transformado aquela numa posse comum, unindo a sua posse à dos outros, e a história deveria de tal fornecer-nos uma prova. Mas é uma contradição encarar semelhante procedimento como tomada de posse *originária* e afirmar que nisso se tenha podido e devido fundar a posse particular de cada homem.

Da posse (*possessio*) distingue-se ainda a *residência* (*sedes*); e da tomada de posse do solo, com a intenção de algum dia o adquirir, distingue-se o estabelecimento, colonização (*incolatus*), que é a posse privada e permanente de um lugar, que depende da presença do sujeito no mesmo. Não se fala aqui do estabelecimento, enquanto segundo ato jurídico, que se pode seguir à tomada de posse ou também ficar por fazer: porque não seria uma posse originária, mas derivada do consentimento de outros.

A simples possessão física (a retenção) do solo é já um direito sobre uma coisa, embora não chegue decerto para o considerar como meu. No tocante aos outros, esta, enquanto primeira posse (tanto quanto se sabe), concorda com a lei da liberdade exterior e está ao mesmo tempo contida na posse comum originária, que encerra *a priori* o fundamento da possibilidade de uma posse privada; por consequência, é danoso estorvar o uso ao primeiro possuidor de um terreno. A primeira tomada de posse tem, pois, para si um fundamento jurídico (*titulus possessionis*), que é a possessão comum originária; e a proposição «ditoso o que possui (*beati possidentes*)!», porque ninguém está obrigado a provar a sua posse, é um princípio do direito natural, que institui a primeira tomada de posse como fundamento jurídico para a aquisição, no qual se pode fundar todo o primeiro possuidor.

Num princípio *teórico a priori* deveria (segundo a *Crítica da Razão Pura*) estar subjacente ao conceito dado uma intuição *a priori*, por conseguinte, teria de se *acrescentar* algo ao conceito da posse do objeto; mas neste princípio prático procede-se ao invés, e todas as condições da intuição que fundamentam a posse empírica se devem *omitir* (prescindir delas), para *estender* o conceito de posse além da posse empírica, e se poder dizer: pode contar-se como juridicamente *meu* qualquer objeto externo do arbítrio, que eu tenha (só na medida em que o tenha) em meu poder, sem dele estar na posse.

A possibilidade de semelhante possessão, portanto, a dedução do conceito de uma posse não empírica, assenta no postulado jurídico da razão prática: «é um dever jurídico agir em relação a outros de tal modo que o exterior (útil) possa chegar a ser para quem quer que seja também seu», juntamente com a exposição do último conceito, que funda o seu exterior só numa posse *não-física*. A possibilidade da última, porém, de nenhum modo se pode por si mesma provar ou compreender (justamente porque é um conceito racional, para o qual não é possível fornecer nenhuma intuição correspondente), mas é uma consequência imediata do postulado aludido. Pois, se é necessário agir segundo aquele princípio jurídico, então deve também ser possível a condição inteligível (de uma posse meramente jurídica). — A ninguém deve estranhar que os princípios *teóricos* do *meu* e do *teu* externo se percam no inteligível e não representem nenhum aumento de conhecimento: porque o conceito de liberdade, em que se apoiam, não é suscetível, no tocante à sua possibilidade, de nenhuma dedução teórica, e só se pode inferir da lei prática da razão (imperativo categórico) como um *factum* da mesma.

§ 7

Aplicação do princípio da possibilidade do meu *e do* teu *exteriores a objetos da experiência*

O conceito de uma posse meramente jurídica não é um conceito empírico (dependente das condições de espaço e de tempo) e, no entanto, tem realidade prática; ou seja, tem de ser aplicável a objetos da experiência, cujo conhecimento depende daquelas condições. — O procedimento com o conceito jurídico em relação aos últimos, como possíveis *meu* e *teu* exteriores, é o seguinte: o conceito jurídico, que radica apenas na razão, não se pode aplicar imediatamente aos objetos da experiência e ao conceito de uma possessão empírica, mas aplicar-se-á primeiro ao conceito puro intelectual de *posse* em geral, de modo que, em vez da *retenção* (*detentio*) como representação empírica da posse, se pense o conceito do *ter*, prescindindo de todas as condições de espaço e de tempo, e no objeto como estando só em meu *poder* (*in potestate mea positum esse*); porque então a expressão «exterior» não significa a existência noutro lugar distinto daquele em que me encontro, nem uma decisão da minha vontade ou a aceitação noutro tempo diferente do da oferta, mas somente um objeto *diferente* de mim. Ora, a razão prática, mediante a sua lei jurídica, não quer que eu pense o *meu* e o *teu*, nem a sua posse na aplicação a objetos, segundo as condições sensíveis, antes delas prescindindo, porque isso diz respeito a uma determinação do arbítrio de acordo com leis da liberdade, pois só um *conceito do entendimento* pode ser subsumido num conceito jurídico. Direi, portanto: possuo um campo, embora seja um lugar inteiramente diferente daquele em que, de facto, me encontro. Pois, aqui trata-se só de uma relação intelectual com o objeto, na medida em que o tenho em *meu poder* (um conceito intelectual da posse, independente das determinações espaciais), e é *meu* porque a minha vontade, que se decide a usá-lo à discrição, não contradiz a lei da liberdade exterior. O fundamento da validade de semelhante conceito de posse (*possessio noumenon*), enquanto *legislação* universalmente válida, consiste em que, *abstraindo* da posse fenoménica (a retenção) deste objeto do meu arbítrio, a razão prática quer que se pense a posse segundo conceitos do entendimento, não segundo os empíricos, mas atendendo àqueles que podem conter *a priori* as condições da mesma; pois tal legislação está contida na expressão: «Este objeto exterior é *meu*», porque assim se impõe a todos os outros uma obrigação que, de outro modo, não teriam: a de se abster de o usar.

Portanto, o modo de ter algo exterior a mim como meu é o vínculo puramente jurídico da vontade do sujeito com aquele objeto, independentemente da relação no espaço e no tempo com o mesmo, segundo o conceito de uma posse inteligível. — Um lugar na terra não é algo *meu* exterior porque eu o ocupo com o meu corpo (pois tal só afeta a minha *liberdade* externa, por conseguinte, só a posse de mim mesmo, não de uma coisa exterior a mim, e é portanto só um direito interno); mas afeta apenas o meu direito externo se ainda o possuir, embora dele me tenha afastado e me encontre noutro lugar; e quem pretenda converter a permanente ocupação deste lugar pela minha pessoa em condição para o ter como meu deve ou afirmar que não é possível de modo algum ter algo exterior como seu (o que contradiz o postulado do § 2), ou exigir que, para tal ser possível, eu esteja ao mesmo tempo em dois lugares; mas então isso equivale a dizer: devo estar e não estar num lugar — o que é contraditório.

Isto pode também aplicar-se ao caso de eu ter aceite uma promessa; pois então o meu ter e a minha posse relativamente ao prometido não se anulam em virtude de o promitente dizer, num certo momento, «esta coisa deve ser tua», e, passado algum tempo, acerca da mesmíssima coisa dizer: «agora, quero que não seja tua». Em tais relações intelectuais é como se aquele houvesse dito, sem tempo algum entre as duas declarações da sua vontade: «deve ser tua», e também: «não deve ser tua» — o que é contraditório.

O mesmo acontece também com o conceito da posse jurídica de uma pessoa, como pertencente ao ter do sujeito (a sua mulher, o seu filho, o seu criado): que esta comunidade doméstica e a posse recíproca do estado de todos os seus membros se não eliminam pela capacidade de se separarem *localmente* uns dos outros; pois o que os une é uma relação *jurídica*, e o *meu* e o *teu* exterior aqui, como nos casos anteriores, funda-se totalmente no pressuposto da possibilidade de uma posse racional pura sem retenção.

À crítica da razão prático-jurídica, no conceito do *meu* e do *teu* externo, vê-se esta obrigada por uma antinomia das proposições acerca da possibilidade de semelhante posse; isto é, só por uma dialética inevitável, em que tese e antítese reclamam validade para duas condições entre si contraditórias, se vê a razão forçada também no seu uso prático (relativo ao direito) a distinguir entre a posse como fenómeno e a que é pensável só pelo entendimento.

A *tese* diz: é possível ter algo exterior como *meu*, embora eu não esteja na sua posse.

A *antítese*: não é possível ter algo exterior como *meu*, se não o tenho na minha posse.

Solução: ambas as proposições são verdadeiras: a primeira, quando por posse entendo a possessão empírica (*possessio phaenomenon*); a outra, quando sob este termo entendo a pura posse inteligível (*possessio noumenon*). — Mas a possibilidade de uma posse inteligível, por conseguinte também a possibilidade do *meu* e do *teu* exterior, não se pode discernir, antes tem de derivar do postulado da razão prática; pelo que é especialmente notável que esta, sem intuições, e até sem necessitar de uma *a priori*, se *amplie* mediante a simples *eliminação* de condições empíricas, legitimada pela lei da liberdade, e consiga assim estabelecer proposições jurídicas sintéticas *a priori*, cuja demonstração (como em breve se mostrará) será ulteriormente aduzida de modo analítico a partir de uma perspetiva prática.

§ 8

Ter algo externo como seu *só é possível num Estado Jurídico sob um poder legislativo público, isto é, no Estado Civil*

Se eu (verbalmente ou através da ação) declaro: quero que algo exterior seja *meu*, declaro que qualquer outro está obrigado a abster-se do objeto do meu arbítrio; obrigação que ninguém teria, sem este meu ato jurídico. Nesta pretensão, porém, radica ao mesmo tempo o reconhecimento de estar reciprocamente obrigado com todos os outros a uma abstenção semelhante no tocante ao *seu* exterior, pois a obrigação dimana aqui de uma regra universal da relação jurídica exterior. Portanto, não estou obrigado a respeitar o *seu* exterior do outro, se, pelo seu lado, não me garantir também qualquer outro que se comportará em relação ao *meu*, de acordo com o mesmo princípio; tal garantia não necessita de um ato jurídico especial, mas está já contida no conceito de uma obrigação jurídica externa, em virtude da universalidade, logo, também da reciprocidade da obrigação a partir de uma regra universal. — Ora, a vontade unilateral quanto a uma posse externa, portanto contingente, não pode servir de lei coerciva para todos, porque tal prejudicaria a liberdade segundo leis universais. Assim, só uma vontade que obriga a cada qual, logo, coletivo-universal (comum) e poderosa, pode proporcionar a cada um aquela segurança. — Mas o estado submetido a uma legislação exterior universal (ou seja, pública), acompanhada de poder, é o Estado Civil. Pelo que só no Estado Civil pode haver um *meu* e um *teu* exterior.

Corolário: se deve ser juridicamente possível ter um objeto exterior como *seu*, então permitir-se-á também ao sujeito forçar qualquer um, com quem entre em conflito sobre o *meu* e o *teu* acerca de semelhante objeto, a ingressar com ele numa constituição civil.

§ 9

No Estado de Natureza, pode haver um meu *e um* teu *exterior real, mas só provisório*

O *direito natural* no estado de uma constituição civil (isto é, o que para ela se pode deduzir de princípios *a priori*) não pode ser prejudicado pelas leis estatutárias desta última, pelo que continua em vigor o princípio jurídico: «Lesa-me quem procede segundo uma máxima em virtude da qual me é impossível ter como *meu* um objeto do meu arbítrio»; pois, a constituição civil é unicamente o Estado Jurídico, mediante o qual a cada um só se garante o *seu*, mas não se fixa nem se determina. — Toda a garantia pressupõe já, portanto, o *seu* de alguém (a quem se garante). Por conseguinte, antes da constituição civil (ou dela *prescindindo*), tem de se admitir como possível um *meu* e um *teu* exterior, e ao mesmo tempo o direito de obrigar quem quer que seja, com quem de algum modo nos possamos relacionar, a entrar connosco numa constituição em que aquele possa estar assegurado. — Uma posse, na expectativa e na preparação de tal estado, que só se pode fundar numa lei da vontade comum, e que está, portanto, em consonância com *a possibilidade* desta última, é uma *posse jurídica provisória,* enquanto aquela com que se depara num estado *efetivo* seria uma posse *perentória.* — Antes de ingressar neste estado, a que o sujeito anui, ele opõe-se com direito aos que a tal se não querem acomodar e pretendem estorvá-lo na sua posse provisória; pois a vontade de todos os outros, exceto a sua, que pensa obrigá-lo a abster-se de certa posse, é simplesmente *unilateral* e, portanto, tem tão pouca força legal (que só reside na vontade universal) para se opor como aquela para afirmar; a última tem, todavia, a vantagem de concordar com a implantação e o estabelecimento de um Estado Civil. — Numa palavra: o modo de ter algo exterior como *seu* no *Estado de Natureza* é a posse física, que tem para si a *presunção* jurídica de o poder transformar em jurídico, graças à união com a vontade de todos numa legislação pública, e vale *comparativamente* na expectativa como jurídica.

Esta prerrogativa do direito, dimanada do estado de posse empírica segundo a fórmula «ditoso o que tem (*beati possidentes*)», não consiste em que este, por contar com a presunção de homem *justo*, não precise de provar que possui algo legalmente (pois isto vale só no direito litigioso), mas porque, segundo o postulado da razão prática, todos gozam da faculdade de ter como *seu* um objeto exterior do seu arbítrio. Por conseguinte, toda a retenção é um estado cuja legitimidade se baseia neste postulado mediante um ato da vontade precedente, e que, segundo a lei da liberdade externa, senão se opuser uma posse anterior do mesmo objeto por parte de outro, portanto, provisoriamente autoriza a fazer desistir de toda a pretensão de usar o objeto a quem quer que não queira entrar comigo num estado de liberdade legal pública, para usar, conforme ao postulado da razão, uma coisa que, de outro modo, seria anulada em sentido prático.

Capítulo segundo

O MODO DE ADQUIRIR ALGO EXTERIOR

§ 10

Princípio universal da aquisição exterior

Adquiro uma coisa quando faço (*efficio*) que algo se torne *meu*. — Originariamente *meu* é o exterior que também é *meu*, sem um ato jurídico. Mas uma aquisição originária é aquela que não se deriva do *seu* de outrem.

Nada de externo é originariamente *meu*; mas pode, decerto, ser originariamente adquirido, isto é, sem o derivar do *seu* de outrem. — O estado de comunidade do *meu* e do *teu* (*communio*) nunca se pode pensar como originário, mas tem de ser adquirido (por um ato jurídico exterior); embora a posse de um objeto exterior originariamente só possa ser comum. Mesmo quando se pensa (problematicamente) uma comunidade originária (*communio mei et tui originaria*), esta distinguir-se-á da *primordial* (*communio primaeva*), que se supõe instituída nos primeiros tempos das relações jurídicas entre os homens, e se não pode fundar em princípios como a primeira, mas só na história: pelo que a última teria sempre de se pensar como adquirida e derivada (*communio derivativa*).

O princípio da aquisição exterior é então: o que (segundo a lei da *liberdade* externa) submeto ao meu *poder* e tenho a faculdade de usar como objeto do meu arbítrio (de acordo com o postulado da razão prática); por fim, o que quero (de harmonia com a ideia de uma possível vontade unificada) que seja meu, é meu.

Os momentos (*attendenda*) da aquisição *originária* são, portanto: 1. A *apreensão* de um objeto que a ninguém pertence; caso contrário, opor-se-ia à liberdade de outros, segundo leis universais. Esta *apreensão* é a tomada de posse do objeto do arbítrio no espaço e no tempo; a posse, portanto, em que me estabeleço é *possessio phaenomenon*. 2. A *declaração* (*declaratio*) da posse deste objeto e do ato do meu arbítrio de dele separar qualquer outro. 3. A *apropriação* (*appropriatio*) como ato de uma vontade universal e exteriormente legisladora (na ideia), pelo qual todos se obrigam a concordar com o meu arbítrio. — A validade do último momento da aquisição, como aquilo em que se firma a conclusão «o objeto exterior é *meu*», a saber, que a posse é válida como algo *simplesmente jurídico* (*possessio noumenon*), funda-se em que a conclusão «o objeto exterior é *meu*» se encaminha corretamente da posse sensível para a inteligível, pois todos estes atos são jurídicos e, por consequência, brotam da razão prática; por isso, na pergunta pelo justo podemos prescindir das condições empíricas da posse.

A aquisição originária de um objeto externo do arbítrio denomina-se *ocupação* (*occupatio*) e só pode ocorrer em coisas corporais (substâncias). Onde, pois, uma destas se leva a cabo, ela precisa, como condição para a posse empírica, da prioridade temporal sobre qualquer outro que pretenda assenhorear-se da coisa (*qui prior tempore, potior iure*). Enquanto originária, é só a consequência do arbítrio *unilateral*; pois, se para tal se precisasse de um bilateral, então derivaria do contrato de duas (ou mais) pessoas, por conseguinte, do *seu* de outros. — Não se discerne facilmente como é que um ato do arbítrio como aquele pode para alguém fundamentar o *seu*. — Contudo, a primeira aquisição não é, pois, a *originária*. A aquisição de um Estado Jurídico público pela unificação da vontade de todos em prol de uma legislação universal seria uma aquisição a que nenhuma se deve antecipar e, apesar de tudo, derivaria da vontade particular de cada um e seria *omnilateral*: pois, uma aquisição originária só pode dimanar da vontade unilateral.

Divisão da aquisição do *meu* e do *teu* exteriores

1) Quanto à *matéria* (objeto), adquiro ou uma *coisa* corpórea (substância) ou a *prestação* (causalidade) de outrem, ou esta outra *pessoa*, isto é, o seu estado, ao conseguir o direito de do mesmo dispor (o *commercium* com ela).
2) Quanto à *forma* (o modo de aquisição), trata-se ou de um *direito real* (*ius reale*), ou de um *direito pessoal* (*ius personale*), ou de um *direito pessoal-real* (*ius realiter personale*) à posse (embora não ao uso) de outra pessoa como uma coisa.
3) Quanto ao *título legal* (*titulus*) da aquisição que, em rigor, não é um membro especial da divisão dos direitos, mas um momento do modo do seu exercício: algo exterior adquire-se ou mediante o ato de um arbítrio *unilateral* ou *bilateral* ou *omnilateral* (*facto, pacto, lege*).

Secção primeira

O direito real

§ 11

O que é um direito real?

A definição habitual do *direito a uma coisa* (*ius reale, ius in re*), «é o direito *perante todo o possuidor da mesma*», é uma definição nominal correta. Mas o que é que faz que eu, por causa de um objeto externo, me possa dirigir a todo o detentor do mesmo e forçá-lo (*per vindicationem*) a repor-me na sua posse? Será esta relação jurídica exterior do meu arbítrio uma relação imediata com uma coisa corporal? Quem pensar que o seu direito se liga, não imediatamente a pessoas, mas a coisas, deverá, sem dúvida, conceber o seguinte (embora só de um modo obscuro): porque ao direito corresponde, de uma parte, um dever da outra, a coisa exterior, perdida embora pelo primeiro possuidor, permanece sempre, apesar de tudo, a ele *obrigada*; ou seja, recusa-se a qualquer outro pretenso possuidor, porque já àquele está unida; e assim o meu direito, semelhante a um *génio* que acompanha a coisa e a preserva de todo o ataque estranho, para mim remete sempre todo o possuidor estranho. É, portanto, absurdo imaginar a obrigação de uma pessoa relativamente a coisas, e vice-versa; de qualquer forma, é lícito, mediante tal imagem, tornar sensível a relação jurídica e assim se expressar.

A definição real teria, portanto, de rezar assim: o *direito a uma coisa* é o direito ao uso privado de uma coisa, em cuja posse comum (originária ou instituída) estou com todos os outros. O último é, de facto, a única condição sob a qual é possível que eu exclua qualquer outro possuidor do uso privado da coisa (*ius contra quemlibet huius rei possessorem*), pois, sem pressupor semelhante posse comum, não se pode pensar como é que eu, que não estou na posse da coisa, posso ser lesado por outros que o estão e a utilizam. — Pelo arbítrio unilateral, não posso obrigar ninguém a abster-se de usar uma coisa — a que, aliás, não estaria vinculado: portanto, só posso fazê-lo mediante o arbítrio unificado de todos numa posse comum. Se assim não fosse, eu teria de pensar o direito a uma coisa como se esta tivesse uma obrigação para comigo e daí derivar o direito em face de todo o possuidor da mesma; o que é um modo absurdo de representação.

Além disso, pelo termo *direito real* (*ius reale*) não se entende apenas o direito a uma coisa (*ius in re*), mas também o *conjunto* de todas as leis que dizem respeito ao *meu* e ao *teu* reais. — É claro, porém, que um homem completamente só sobre a terra não poderia, em rigor, ter nem adquirir nenhuma coisa externa como sua: porque entre ele como pessoa e todas as outras coisas externas como coisas, não há nenhuma relação de obrigação. Portanto, em sentido próprio e literal, não há nenhum direito (direto) a uma coisa, mas denomina-se assim unicamente aquele que corresponde a alguém frente a uma pessoa, que está na posse comum com todos os outros (no Estado Civil).

§ 12

A primeira aquisição de uma coisa só pode ser a do solo

O solo (pelo qual se entende todo o território habitável) considerar-se-á em relação a tudo o que nele se move como *substância*, mas a existência do último considerar-se-á só como *inerência*; e assim como, em sentido teórico, os acidentes não podem existir fora da substância, assim no prático, o que se move sobre o solo não pode também ser considerado por alguém como *seu*, se previamente se não admitir que este solo se encontra na sua posse jurídica (como *seu*).

Supondo, pois, que o solo não pertence a ninguém, então, para o ocupar, poderei expulsar do seu lugar qualquer coisa móvel que nele se encontre, até de todo se perder, sem por isso lesar a liberdade de qualquer outro, que justamente agora não é o detentor do mesmo; mas tudo o que pode ser destruído, uma árvore, uma casa, etc., é móvel (pelo menos, quanto à matéria), e denomina-se *imóvel* a coisa que se não pode mover sem destruir a sua forma, pelo que o *meu* e o *teu* referidos a essa coisa se não entendem relativamente à substância, mas quanto ao que dela depende, que não é a própria coisa.

§ 13

Todo o solo pode ser originariamente adquirido e o fundamento da possibilidade desta aquisição é a comunidade originária do solo em geral

Quanto ao primeiro, esta proposição funda-se no postulado da razão prática (§ 2); o segundo, na seguinte demonstração.

Todos os homens estão originariamente (isto é, antes de todo o ato jurídico do arbítrio) na posse legítima do solo, ou seja, têm direito a existir onde a natureza ou o acaso os colocou (sem vontade sua). Esta posse (*possessio*), que difere da residência (*sedes*) como posse voluntária e, portanto, adquirida e *duradoira*, é uma posse *comum*, em virtude da unidade de todos os lugares sobre a superfície da Terra como superfície esférica: porque, se fosse um plano infinito, os homens poderiam disseminar-se de tal modo que jamais chegariam a comunidade alguma entre si, portanto, esta não seria uma consequência necessária da sua existência sobre a Terra. — A posse de todos os homens sobre a Terra, prévia a todo o ato jurídico seu (constituída pela própria natureza), é uma posse *comum originária* (*communio possessionis originaria*), cujo conceito não é empírico nem depende de condições temporais, como por exemplo o conceito inventado, nunca porém demonstrável, de uma posse comum primordial (*communio primaeva*), mas um conceito prático da razão, que contém *a priori* o princípio segundo o qual somente os homens podem usar o lugar sobre a Terra, de acordo com leis jurídicas.

§ 14

O ato jurídico desta aquisição é a ocupação (occupatio)

A *tomada de posse* (*apprehensio*), como começo da retenção de uma coisa corpórea no espaço (*possessionis physicae*), não se harmoniza com a lei da liberdade exterior de cada um (por conseguinte, *a priori*), a não ser sob a condição da *prioridade* quanto ao tempo, a saber, só como primeira tomada de posse (*prior apprehensio*), que é um ato do arbítrio. Mas a vontade de que uma coisa seja minha (portanto, também um determinado lugar circunscrito sobre a Terra), isto é, a apropriação (*appropriatio*), só pode ser numa aquisição originária unilateral (*voluntas unilateralis s. propria*). A aquisição de um objeto exterior do arbítrio por uma vontade unilateral é a *ocupação*. Logo, só mediante a ocupação (*occupatio*) se pode adquirir originariamente um objeto exterior do arbítrio, portanto, também um solo determinado.

A possibilidade deste tipo de aquisição não se pode discernir de nenhum modo e provar com razões, mas é a consequência imediata do postulado da razão prática. A própria vontade, porém, só pode autorizar uma aquisição exterior na medida em que está contida numa vontade que ordena absolutamente, unificada *a priori* (isto é, pela unificação do arbítrio de todos os que entre si podem chegar a uma relação prática); pois a vontade unilateral (à qual pertence também a vontade bilateral, mas *ainda particular*) não pode impor a cada qual uma obrigação, que em si é contingente; para tal precisa-se de uma vontade *omnilateral*, não contingente, mas *a priori*, logo, necessariamente unificada e, por isso, legisladora; de facto, só de harmonia com este princípio seu é possível o acordo do arbítrio de cada um com a liberdade de cada qual, por conseguinte, um direito em geral e, portanto, também um *meu* e um *teu* exteriores.

§ 15

Só numa constituição civil se pode adquirir algo perentoriamente; pelo contrário, no Estado de Natureza só provisoriamente se pode adquirir

A constituição civil, embora seja subjetivamente contingente à sua realidade, é todavia objetivamente necessária, isto é, como dever. Por conseguinte, no tocante a ela e à sua instituição, há uma lei jurídica real da natureza, a que toda a aquisição exterior se encontra submetida.

O *título empírico* da aquisição era a tomada de posse física (*apprehensio physica*), alicerçada na comunidade originária do solo; a este título, uma vez que à posse segundo conceitos jurídicos racionais só se pode submeter uma posse *fenoménica*, tem de corresponder o de uma tomada de posse intelectual (suprimindo todas as condições empíricas espácio-temporais), que funda a proposição: «O que eu submeto ao meu poder em conformidade com leis da liberdade exterior, e quero que seja meu, é meu».

Mas o *título racional* da aquisição só pode residir na ideia de uma vontade de todos unificada *a priori* (que se deve necessariamente unificar), que aqui se pressupõe tacitamente como condição indispensável (*conditio sine qua non*); pois, mediante uma vontade unilateral não se pode impor a outros uma obrigação, que de outro modo não teriam por si. — Mas o estado de uma vontade realmente unificada de modo universal, em vista da legislação, é o Estado Civil. Assim, pois, só em conformidade com a ideia de um Estado Civil, ou seja, relativamente a ele e ao seu estabelecimento, mas antes da realidade do mesmo (porque, de outro modo, a aquisição seria derivada), portanto, *só provisoriamente*, pode algo exterior ser *originariamente* adquirido. — A aquisição *perentória* só no Estado Civil tem lugar.

Todavia, a aquisição provisória é uma verdadeira aquisição; segundo o postulado da razão prático-jurídica, a possibilidade da mesma, seja qual for o estado em que os homens entre si se encontrem (logo, também no Estado de Natureza), é um princípio do direito privado, segundo o qual cada um está autorizado a exercer aquela coação que possibilite sair do Estado de Natureza e ingressar no Estado Civil, que é o único que pode tornar perentória toda a aquisição.

A questão é a seguinte: até onde se estende a faculdade de tomar posse de um solo? Até onde chegue a capacidade de o ter em seu poder, isto é, até onde possa defendê-lo quem dele se quiser apropriar; como se o solo dissesse: se não puderes proteger-me, então não podes dispor de mim. A disputa sobre o mar *livre* ou *fechado* deveria, portanto, decidir-se do mesmo modo; por exemplo, dentro da extensão até onde chegam os canhões, na costa de um país que pertence já a um determinado Estado, a ninguém é lícito pescar, extrair âmbar do fundo do mar, etc. — Além disso, será necessária a transformação do solo para o adquirir (construções, cultivo, drenagem, etc.)? Não! Visto que estas formas (de especificação) são só acidentes, não constituem nenhum objeto de posse imediata e só podem pertencer à posse do sujeito, na medida em que a substância tenha sido previamente reconhecida como sua. Quando se trata da primeira aquisição, o trabalho não passa de um sinal externo da tomada de posse, que pode ser substituído por muitos outros que custam menos esforço. — Ainda: pode alguém impedir a outrem o ato de tomada de posse, de maneira que nenhum dos dois participe do direito de prioridade e assim o terreno permaneça sempre livre, não pertencendo a ninguém? Este impedimento não pode ocorrer de um modo pleno, porque o outro, para o conseguir fazer, terá também de se encontrar em algum terreno vizinho, onde ele próprio pode igualmente ser impedido de estar; por conseguinte, um impedimento *absoluto* seria uma contradição; mas, no tocante a um determinado terreno (intermédio), deixá-lo sem utilizar como *neutro* para separar os dois vizinhos, é algo que concordaria com o direito de ocupação; mas então este terreno pertence realmente a ambos em comum e não carece de dono (*res nullius*), precisamente porque é utilizado por ambos para entre si os separar. — Ademais: poderá ter-se uma coisa como sua num terreno do qual nenhuma parte é de alguém? Sim, como na Mongólia, onde cada um pode deixar a sua equipagem, o que tem, ou tomar posse como *seu* do seu cavalo, que lhe fugiu, porque todo o solo cabe ao povo; e o seu uso, a cada indivíduo; ora bem, que alguém possa ter como sua uma coisa móvel no solo de outro é possível, mas só mediante contrato. — Por fim, levanta-se a questão: podem dois povos vizinhos (ou famílias) opor-se mutuamente a usar um terreno de um certo modo, por exemplo, os povos caçadores ao povo de pastores ou aos agricultores ou estes aos colonos, etc.? Sem dúvida, porque o modo como pretendem estabelecer-se sobre a terra é uma questão de simples discrição, se se mantiverem dentro dos seus limites (*res merae facultatis*).

Por último, pode perguntar-se se: quando nem a natureza, nem o acaso, mas só a nossa própria vontade, nos leva a ser vizinhos de um povo, que não apresenta perspetiva alguma de uma união civil, não deveríamos estar autorizados, pela força se necessário ou (o que não é muito melhor) mediante compra fraudulenta, a estabelecer colónias e a tornarmo-nos assim proprietários do seu solo, fazendo uso da nossa superioridade sem ter em conta a sua primeira posse, e com o fito de instituir uma união civil com tal povo e de integrar estes homens (selvagens) num Estado Jurídico (como, por exemplo, os selvagens americanos, os Hotentotes, os neo-holandeses)? Tanto mais que a própria natureza (que detesta o vazio) assim o parece exigir, e grandes regiões noutras partes do Mundo, agora magnificamente povoadas, teriam ficado despovoadas de habitantes civilizados, ou assim teriam de permanecer sempre, e deste modo se frustraria o fim da criação. Mas, através deste véu de injustiça (jesuitismo), facilmente se vislumbra uma aprovação de todos os meios em vista de fins bons. Este modo de aquisição é, portanto, reprovável.

A indeterminação relativamente à quantidade e à qualidade do objeto exterior adquirível faz deste problema (da aquisição exterior originária única) o mais difícil de resolver entre todos. Mas tem de haver alguma aquisição originária do exterior; pois nem toda a aquisição pode ser derivada. Daí que esta tarefa se não possa abandonar como insolúvel, e como em si impossível. Contudo, embora se resolva mediante um contrato originário, se este não se estender a todo género humano, a aquisição permanecerá sempre provisória.

§ 16

Exposição do conceito de uma aquisição originária do solo

Originariamente, todos os homens estão na posse comum do solo da Terra inteira (*communio fundi originaria*), (cada um) com a vontade de o usar, que lhe cabe por natureza (*lex justi*); esta vontade, devido ao confronto, inevitável por natureza, do arbítrio de um com o outro, anularia todo o uso do solo se, ao mesmo tempo, para este não contivesse a lei, segundo a qual se pode determinar a cada pessoa uma posse particular do solo comum (*lex juridica*). Mas a lei que distribui o *meu* e o *teu* de cada um no solo só pode surgir, de harmonia com o axioma da liberdade exterior, de uma vontade unificada originariamente e *a priori* (que não pressupõe para tal unificação nenhum ato jurídico); por conseguinte, só pode surgir no Estado Civil (*lex instiţiae distributivae*), que apenas determina o que é legítimo, o que é jurídico e o que é de direito. — Ora bem, neste estado, isto é, antes da fundação do Estado Civil e em vista dele, portanto, *provisoriamente*, é um dever proceder de acordo com a lei da aquisição externa; logo, a vontade tem também a *capacidade* jurídica para obrigar cada qual a reconhecer como válido o ato da tomada de posse e de apropriação, ainda que seja só unilateral; por conseguinte, é possível uma aquisição provisória do solo com todas as suas consequências jurídicas.

Mas semelhante aquisição necessita de, e conta também com, um *favor* da lei (*lex permissiva*) no tocante à determinação dos limites da posse juridicamente possível: porque precede o Estado Jurídico e, enquanto conduz somente a ele, ainda não é perentória, e o favor não se estende além do consentimento de *outros* (participantes) em estabelecer este último. Ora bem, enquanto eles resistem a ingressar nele (no Estado Civil) e enquanto a resistência dura, traz consigo todo o efeito de uma aquisição legal, porque esta saída está fundada no dever.

§ 17

Dedução do conceito da aquisição originária

Encontrámos o título da aquisição numa comunidade originária do solo, portanto, sob as condições espaciais de uma posse exterior; e o modo de aquisição encontrámo-lo nas condições empíricas da tomada de posse (*apprehensio*), juntamente com a vontade de ter como *seu* o objeto exterior. Agora, é ainda necessário desenvolver, a partir dos princípios da razão pura prático-jurídica, a própria *aquisição*, isto é, o *meu* e o *teu* exterior, que resulta das duas partes dadas, a saber, a posse inteligível (*possessio noumenon*) do objeto, segundo o que contém o seu conceito.

O *conceito jurídico* do *meu* e do *teu exterior*, enquanto *substância*, não pode significar, no tocante ao termo *fora de mim*, outro lugar distinto daquele em que estou, pois é um conceito racional; mas, uma vez que neste apenas se pode subsumir um conceito puro do entendimento, pode somente significar algo *diferente* de mim e o conceito de uma posse não empírica (da apreensão, por assim dizer, permanente), isto é, só o conceito de ter em meu poder o objeto externo (a sua conexão comigo, como condição subjetiva da possibilidade do seu uso), que é um conceito puro do entendimento. Ora bem, a eliminação ou omissão (abstração) das condições sensíveis da posse, como a relação da pessoa a *objetos* que carecem de obrigação, é apenas a relação de uma pessoa a pessoas, a qual consiste em obrigar todas elas, no tocante ao uso das coisas, mediante a *vontade* da primeira, na medida em que esta coincide com o axioma da liberdade exterior, com o *postulado* da faculdade e da *legislação* universal da vontade pensada como unificada *a priori* o que é; portanto, a *posse inteligível* das coisas, ou seja, a posse mediante o simples direito, embora o objeto (a coisa que possuo) seja um objeto sensível.

É *de per si* claro que o primeiro trabalho, a delimitação, ou em geral a *configuração* de um terreno, não pode proporcionar título algum da sua aquisição, isto é, que a posse do acidente não pode oferecer um fundamento para a posse jurídica da substância, mas que o *meu* e o *teu* se hão de, ao invés, seguir, segundo a regra, da propriedade da substância (*accessorium sequitur suum principale*); e é *de per si* tão claro que quem põe empenho num terreno, que antes não era seu, perdeu o seu esforço e trabalho perante o primeiro, que é difícil atribuir a outra causa essa opinião dominante, tão velha e, todavia, tão difundida, exceto ao engano secretamente imperante de personificar as coisas e de, perante elas, imaginar *imediatamente* um direito, como se alguém, por meio do trabalho a elas aplicado, as pudesse obrigar a não estar ao serviço de ninguém a não ser ao *seu*; pois, provavelmente, também não se teria passado tão facilmente por cima da simples pergunta (de que já antes se fez menção): «como é possível o direito a uma coisa?» De facto, o direito frente a qualquer possuidor de uma coisa só significa a competência do arbítrio particular para usar um objeto, na medida em que se pode pensar como contida na vontade sintético-universal e como concordando com a lei da mesma.

No tocante aos corpos situados num terreno que já é meu, pertencem-me, se aliás não pertencerem a outro, sem que para tal fim precise de um ato jurídico especial (não *facto,* mas *lege*); isto é, porque se podem considerar como acidentes inerentes à substância (*iure rei meae*), a que pertence também tudo o que está tão associado à minha coisa que outro não pode separá-lo do meu sem o mudar (por exemplo, o dourado, mistura de uma matéria que me pertence com outras matérias, o terreno de aluvião ou também a mudança do leito limítrofe e, assim, a consequente ampliação do meu solo). De acordo com os mesmos princípios se há de julgar se o terreno adquirível se pode estender ainda mais além da terra, isto é, também a uma parte do fundo do mar (o direito de pescar na minha costa, ou de extrair âmbar, etc.). O solo pertence à minha *posse* até onde eu tiver a capacidade mecânica de o assegurar desde a minha *residência* contra o ataque de outros (por exemplo, até onde chegarem os canhões da costa), e o mar está fechado até ali (*mare clausum*). Como, porém, é impossível residir no mar alto, também a posse se não pode ampliar até ali, e o mar aberto é livre (*mare liberum*). Mas o proprietário de uma praia não pode entender como direito de aquisição — por impremeditado — o naufrágio na sua costa, seja de homens, seja de coisas a eles pertencentes; porque não há dano (nem sequer feito) e a coisa que caiu num solo que pertence a alguém não se pode considerar como *res nullius.* Em contrapartida, um rio, até onde chegue a posse da sua margem, pode originariamente ser adquirido, sob as restrições antes mencionadas, por aquele que detém a posse de ambas as margens.

* * *

O objeto exterior, que quanto à substância é o *seu* de alguém, é propriedade (*dominium*) daquele a que são inerentes todos os direitos a esta coisa (como os acidentes à substância), da qual o proprietário (*dominus*) pode dispor a seu bel-prazer (*ius disponendi de re sua*). Mas daqui segue-se naturalmente que tal objeto só pode ser uma coisa corporal (para a qual não se tem obrigação alguma), portanto, um homem pode ser o seu próprio dono (*sui iuris*), mas não proprietário *de si mesmo* (*sui dominus*) (não pode dispor de si segundo o seu capricho), nem muito menos de outros homens, porque é responsável pela humanidade na sua própria pessoa; todavia, este ponto, que pertence ao direito da humanidade, não ao dos homens, não tem aqui o seu autêntico lugar, mas apenas se menciona de passagem para uma melhor compreensão do que há pouco se disse. — Pode, além disso, haver dois plenos proprietários de uma e mesma coisa sem um *meu* e *teu* comum, mas só como possuidores comuns daquilo que pertence só a um como *seu*, se dos ditos coproprietários (*condomini*) couber a um só a posse completa sem uso, mas ao outro todo o uso da coisa juntamente com a posse, portanto, aquele (*dominus directus*) reduz este (*dominus utilis*) à condição de uma prestação permanente, sem com isso limitar o seu uso.

Secção segunda

O direito pessoal

§ 18

A posse do arbítrio de outrem, enquanto faculdade de o determinar por meio do *meu* a um certo ato, segundo as leis da liberdade (o *meu* e o *teu* exteriores em relação à causalidade de outros), é *um* direito (deles posso ter vários perante a mesma pessoa ou frente a outras); mas o conjunto (o sistema) de leis, segundo as quais posso estar nesta posse, é o direito pessoal, que é único.

A aquisição de um direito pessoal nunca pode ser originária e arbitrária (pois semelhante aquisição não seria adequada ao princípio do acordo da liberdade do meu arbítrio com a liberdade de cada um; portanto, seria injusta). Também não posso adquirir através do ato *ilegal* de outrem (*facto iniusto alterius*); pois, se o dano me afetar também a mim e se posso, com razão, exigir ao outro uma reparação, então assim só conservarei íntegro o *meu*, mas nada mais adquirirei além do que antes já tinha.

Portanto, a aquisição mediante o ato de outrem, a que eu o determino seguindo leis jurídicas, é sempre derivada do *seu* de outro, e esta derivação, como ato jurídico, não pode ocorrer por meio deste enquanto ato negativo, isto é, como um ato de *abandono* ou de *renúncia* ao *seu* (*per derelictionem aut renunciationem*) — pois deste modo apenas se suprime o *seu* de um ou de outro, e nada se adquire —, mas unicamente se pode realizar por *transferência* (*translatio*), possível mediante uma vontade comum, em virtude da qual o objeto chega sempre ao poder de um ou de outro, quando alguém renuncia à sua parte nesta comunidade, e assim o objeto, graças à aceitação do mesmo (portanto, mediante um ato positivo do arbítrio), se torna *seu*. — A transferência da sua *propriedade* para outro é a *alienação*. O ato do arbítrio unificado de duas pessoas, pelo qual em geral o *seu* de uma passa à outra, é o *contrato*.

§ 19

Em todo o contrato há dois atos *preparatórios* e dois atos *constitutivos* jurídicos do arbítrio; os dois primeiros (os do *trato*) são a *oferta* (*oblatio*) e a *aprovação* (*approbatio*) do mesmo; os outros dois (ou seja, os referentes à conclusão) são a *promessa* (*promissum*) e a *aceitação* (*acceptatio*). — De facto, uma oferta não se pode chamar promessa, antes de eu julgar que o oferecido (*oblatum*) possa ser *aprazível* ao recetor da promessa; o que se manifesta nas duas primeiras declarações, mas só com estas ainda nada se adquire.

Ora, nem pela vontade *particular* do que promete nem pela do que recebe a promessa (como aceitante) passa o *seu* do primeiro ao último, antes só pela *vontade unificada* de ambos, logo, na medida em que a vontade de ambos é *ao mesmo tempo* declarada. Mas tal é impossível por meio de atos empíricos de declaração que têm de se *suceder* necessariamente uns aos outros no tempo e jamais são simultâneos. Pois, se eu fiz uma promessa e o outro a quer aceitar, posso, nesse intervalo de tempo (por curto que seja), vir a arrepender-me, porque antes da aceitação sou ainda livre; por outro lado, também o aceitante, pela mesma razão, não pode ficar ligado à sua declaração subsequente à promessa. — As formalidades externas (*solemnia*) na ratificação de um contrato [o aperto de mãos ou o partir de uma palha (*stipula*) segura pelas duas pessoas] e todas as confirmações, feitas de parte a parte, da sua declaração anterior mostram antes o embaraço dos contratantes, como e de que maneira pretendem — todavia, sem êxito — representar como existindo *simultaneamente* num momento declarações que sempre se sucedem umas às outras: porque se trata sempre de atos sucessivos no tempo em que, quando um deles ocorre, o outro ou *ainda não* é ou *já não* é.

Mas só a dedução transcendental do conceito de aquisição mediante contrato pode superar todas estas dificuldades. Numa relação *jurídica* externa, a minha tomada de posse do arbítrio de outrem (e reciprocamente), enquanto fundamento determinante do mesmo a um ato, concebe-se decerto, primeiro, de um modo empírico através da declaração e contradeclaração do arbítrio de cada um dos dois no tempo, como condição sensível da apreensão, onde ambos os atos jurídicos se seguem sempre um ao outro; mas, visto que essa relação (enquanto jurídica) é puramente intelectual, é por meio da vontade como faculdade racional legisladora, segundo conceitos da liberdade, que aquela posse se representa como inteligível (*possessio noumenon*), como o *meu* ou o *teu*, abstraindo das condições empíricas; portanto, ambos os atos — o da promessa e o da aceitação — se representam, não como mutuamente sucessivos, mas (qual *pactum re initum*) como brotando de uma única vontade *comum* (o que se expressa mediante a palavra «simultaneamente»), e o objeto (*promissum*) se representa como adquirido, com omissão das condições empíricas, segundo a lei da razão pura prática.

Que esta seja a verdadeira e única dedução possível do conceito de aquisição por contrato está suficientemente confirmado pelo penoso e, todavia, sempre vão esforço dos investigadores jurídicos (por exemplo, Moses Mendelssohn no seu *Jerusalém*) por provar aquela possibilidade. — A questão era: *por que devo* cumprir a minha promessa? Que eu o *deva fazer* compreende-o por si mesmo quem quer que seja. Mas é absolutamente impossível aduzir ainda uma prova deste imperativo categórico; como é também impossível ao geómetra demonstrar, mediante argumentações racionais, que eu, para construir um triângulo, tenho de tomar três linhas (proposição analítica), duas das quais, tomadas conjuntamente, têm de ser maiores do que a terceira (proposição sintética, mas ambas *a priori*). É um postulado da razão pura (que prescinde de todas as condições sensíveis espácio-temporais, no tocante ao conceito jurídico), e a doutrina da possibilidade de abstrair de tais condições, sem que por isso se negue a posse do mesmo, é ela própria a dedução do conceito da aquisição por contrato; tal como no título anterior era a doutrina da aquisição mediante ocupação das coisas externas.

§ 20

Mas o que é o exterior que adquiro por contrato? Visto que é apenas a causalidade do arbítrio do outro relativamente à prestação que me prometeu, não adquiro de imediato uma coisa exterior, mas um ato do mesmo, graças ao qual aquela coisa passa para meu poder, para que eu a faça minha. — Portanto, mediante o contrato, adquiro a promessa de outrem (não o prometido) e, todavia, acrescento algo ao *meu* ter exterior;

tornei-me mais rico (*locupletior*), ao adquirir uma obrigação ativa da liberdade e da faculdade do outro. — Mas este *direito* meu é só *pessoal*, a saber, um direito perante uma *determinada* pessoa física, ou seja, o de atuar sobre a sua causalidade (o seu arbítrio) a fim de que para mim opere algo, não um *direito real*, em face desta *pessoa moral*, que nada mais é do que a ideia do *arbítrio unificado de todos a priori*, e em virtude do qual exclusivamente posso adquirir um *direito frente a todo o possuidor* da coisa; como aquilo em que consiste todo o direito a *uma coisa*.

A transferência do *meu* mediante contrato ocorre segundo a lei da continuidade (*lex continui*), isto é, a posse do objeto não se interrompe em nenhum momento durante este ato, pois, caso contrário, eu adquiriria neste estado um objeto como algo sem possuidor (*rex vacua*), portanto, originariamente; o que contradiz o conceito de contrato. — Mas esta continuidade implica que não é a vontade de um dos dois (*promittentis et acceptantis*) em particular, mas sim a sua vontade unificada, que transmite o *meu* ao outro; portanto, a transferência não se realiza de modo que quem promete abandone (*derelinquit*) primeiro a sua posse em benefício do outro ou renuncie (*renunciat*) ao seu direito, e o outro entre imediatamente na posse, ou ao invés. A transferência é, portanto, um ato em que o objeto pertence num momento juntamente aos dois; tal como na trajetória parabólica de uma pedra lançada, esta no seu ponto mais alto se pode conceber, por um instante, como subindo e como caindo ao mesmo tempo, e só então passa do movimento ascendente à queda.

§ 21

Uma coisa não se adquire num contrato pela *aceitação* (*acceptatio*) da promessa, mas só pela *entrega (traditio)* do prometido. De facto, toda a promessa conduz a uma *prestação* e, se o prometido é uma coisa, aquela só se pode alcançar por um ato em virtude do qual quem promete põe na posse da mesma aquele que recebe a promessa; isto é, mediante a entrega. Portanto, antes desta e da receção, a prestação ainda não teve lugar; a coisa ainda não passou de um a outro, portanto, não foi por este adquirida; logo, o direito gerado por contrato é somente pessoal, e apenas pela entrega se torna um direito real.

O contrato, a que se segue imediatamente a entrega (*pactum re initum*), exclui todo o intervalo de tempo entre a conclusão e a execução, e não precisa de esperar ainda nenhum ato especial, pelo qual o *seu* de um se transfira para outro. Mas se entre ambos se concede, todavia, um prazo (determinado ou indeterminado) para a entrega, surge a questão: tornou-se pelo contrato a coisa já o *seu* de quem aceita, antes da entrega, e será o direito do último um direito à coisa, ou deverá ainda ocorrer um contrato especial, respeitante só à entrega, portanto, será o direito mediante a simples aceitação somente pessoal e apenas se converterá em direito à coisa em virtude da entrega? — Que aqui tem realmente lugar a última coisa que se disse, clarifica-se do seguinte modo:

Se fecho um contrato sobre uma coisa, por exemplo, sobre um cavalo que quero adquirir, e o levo comigo ao mesmo tempo para a minha cavalariça, ou dele de qualquer outro modo tomo posse física, então é meu (*vi pacti re initi*), e o meu direito é o direito à coisa; mas se o deixo nas mãos do vendedor, sem combinar com ele em particular quem terá a posse física (detenção) da coisa antes da minha tomada de posse (*apprehensio*), portanto, antes da mudança de posse, então o cavalo ainda não é meu, e o direito de o adquirir é só um direito, perante uma determinada pessoa — o vendedor —, a que me *estabeleça na posse* (*poscendi traditionem*), como condição subjetiva da possibilidade de todo o uso arbitrário do mesmo; isto é, o meu direito é só um direito pessoal a exigir dele o *cumprimento* da promessa (*praestatio*), de me pôr na posse da coisa. Ora, se o contrato não contém ao mesmo tempo a *entrega* (como *pactum re initum*), decorrendo portanto, um tempo entre a sua ratificação e a tomada de posse do adquirido, durante esse tempo só posso obter a posse exercendo um ato jurídico especial, ou seja, um *ato de posse* (*actum possessorium*), que constitui um contrato especial e é o seguinte: digo que mandarei recolher a coisa (o cavalo), a que o vendedor acede. Pois, não é evidente que este, correndo risco, guarde uma coisa para uso de outrem, mas para isso necessita-se de um contrato especial, segundo o qual quem aliena continua ainda a ser proprietário da coisa dentro de um *tempo determinado* (e correrá todo o risco que possa afetar a coisa); mas o adquiridor, enquanto espera que esse tempo passe, só pode ser considerado tal pelo vendedor quando a coisa lhe foi transmitida. Portanto, antes do ato de posse, tudo o que é adquirido mediante o contrato é só um direito pessoal, e o recetor da promessa apenas pode adquirir uma coisa exterior mediante a entrega.

Secção terceira

O direito pessoal de carácter real

§ 22

Este direito é o da posse de um objeto externo como *uma coisa* e do seu uso como *uma pessoa.* — O *meu* e o *teu*, segundo este direito, é o *doméstico,* e a relação neste estado é a relação da comunidade de seres livres que, por influência mútua (da pessoa de um sobre o outro), constituem — segundo o princípio da liberdade (*causalidade*) exterior — uma sociedade de membros de um todo (de pessoas que estão em *comunidade*), que se chama o *regime doméstico.* — O modo de aquisição deste estado e dentro dele não ocorre por um ato arbitrário (*facto*) nem por simples contrato (*pacto*), mas por lei (*lege*); por não ser nenhum direito a uma coisa, também não é um simples direito perante uma pessoa, mas, sim, ao mesmo tempo, uma posse da mesma; será um direito que vai além de todo o direito real e pessoal, a saber, o direito da humanidade na nossa própria pessoa, que tem por consequência uma lei permissiva natural, por cujo favor nos é possível uma tal aquisição.

§ 23

Segundo esta lei, a aquisição é *tríplice* quanto ao objeto: o *varão* adquire uma *mulher*; o *casal* adquire *filhos* e os *criados da família*. — Tudo isto que se pode adquirir é, ao mesmo tempo, inalienável e o direito do possuidor destes aos objetos é o *mais pessoal de todos*.

O direito da sociedade doméstica

Título primeiro

O direito matrimonial

§ 24

A *comunidade sexual* (*commercium sexuale*) é o uso recíproco que o homem faz dos órgãos e capacidades sexuais de outrem (*usus membrorum et facultatum sexualium alterius*); é um uso ou natural (pelo qual se pode gerar um semelhante) ou *contranatural*, e este é, por seu turno, ou o uso de uma pessoa do mesmo sexo ou de um animal de uma espécie diferente da humana. Semelhantes transgressões das leis são vícios contra a natureza (*crimina carnis contra naturam*), que se dizem também inomináveis, enquanto ofensa à humanidade na nossa própria pessoa, não se podem isentar de uma total reprovação, mediante restrição ou exceção alguma.

A comunidade sexual natural é, pois, ou a comunidade de harmonia com a mera *natureza* animal (*vaga libido, venus volgivaga, fornicatio*) ou a comunidade segundo a *lei*. — A última é o *matrimónio* (*matrimonium*), isto é, a união de duas pessoas de sexo diferente para a posse recíproca, durante toda a vida, das suas propriedades sexuais. — O fim de gerar filhos e de os educar pode, porventura, ser um fim da natureza, em vista do qual ela implantou a inclinação recíproca dos sexos; mas, para a legitimidade da união, não se exige que o homem que contrai matrimónio se deva propor este fim; pois, de outro modo, cessando a procriação, se dissolveria também, ao mesmo tempo, por si mesmo o casamento.

Inclusive, também sob o pressuposto do prazer enquanto fim do uso mútuo das propriedades sexuais, o contrato conjugal não é um contrato arbitrário, mas um contrato necessário pela lei da humanidade; isto é, se o varão e a mulher quiserem fruir mutuamente um do outro graças às suas propriedades sexuais, devem necessariamente casar-se, e isto é necessário segundo as leis jurídicas da razão pura.

§ 25

O uso natural que um sexo faz dos órgãos sexuais do outro é um *gozo*, em vista do qual uma parte se entrega à outra. Neste ato, um homem converte-se a si mesmo em coisa — o que contradiz o direito da humanidade na sua própria pessoa. Isto só é possível sob a condição única de que, ao ser uma pessoa adquirida por outra *como coisa*, esta, por seu turno, adquira aquela reciprocamente; pois assim se recupera de novo a si mesma e restabelece a sua personalidade. Mas a aquisição de um membro no homem é, ao mesmo tempo, aquisição da pessoa inteira, porque esta é uma unidade absoluta; por conseguinte, a entrega e a aceitação de um sexo para gozo do outro não só são lícitas sob a condição do matrimónio, mas só são possíveis ao abrigo da mesma. Mas que este *direito pessoal* seja também de *índole real*, funda-se em que, se um dos cônjuges se separou ou se entregou à posse de outro, está o outro sempre e incontestavelmente legitimado a reavê-lo em seu poder, como que uma coisa.

§ 26

Pelas mesmas razões, a relação dos casados é uma relação de *igualdade* da posse, tanto das pessoas que reciprocamente se possuem (portanto, só na *monogamia*, pois na poligamia a pessoa que se entrega só tem uma parte daquele a que ela totalmente se entrega, e converte-se assim numa simples coisa), como também dos *bens*; estão, todavia, autorizados a renunciar ao uso de uma parte destes, embora só mediante um contrato especial.

Do princípio anterior segue-se que o concubinato não é suscetível de contrato legal permanente, como também não o é o aluguer de uma pessoa para gozo esporádico (*pactum fornicationis*). De facto, quanto ao último contrato, admitirão todos que se não poderia obrigar juridicamente a pessoa que o fechou a cumprir a sua promessa, se ela viesse a arrepender-se; e assim sucede também com o primeiro, isto é, o do concubinato (enquanto *pactum turpe*), porque este seria um contrato de *aluguer* (*locatio-conductio*), isto é, de um membro do corpo para uso de outrem; portanto, em virtude da unidade inseparável dos membros numa pessoa, esta entregar-se-ia a si mesma como coisa ao arbítrio do outro; daí que cada parte possa rescindir o contrato contraído com o outro, logo que lhe aprouver, sem que o outro se possa queixar com fundamento de ter sido lesado no seu direito. — O mesmo vale igualmente para o matrimónio morganático, que visa aproveitar a desigualdade de categoria das duas partes em vista do maior domínio de uma parte sobre a outra; de facto, segundo o mero direito natural, não difere do concubinato e não é um verdadeiro matrimónio. — Se, pois, a questão consiste em saber se também se oporá à igualdade dos casados enquanto tais que a lei, em relação à mulher, diga do varão — ele será o teu senhor (ele a parte que manda, ela a que obedece) —, então não se pode conceber esta lei como antagónica à igualdade natural de um casal humano, se tal dominação assentar apenas na superioridade natural da capacidade do varão sobre a mulher, em vista da prossecução do interesse comum da família e do direito a mandar, nela fundado — ilação que, portanto, se pode tirar, inclusive, do dever da unidade e da igualdade em vista do *fim*.

§ 27

O contrato matrimonial só é *consumado* pela *coabitação conjugal* (*copula carnalis*). Um contrato entre duas pessoas de ambos os sexos, selado com o acordo secreto de se abster da comunidade carnal ou com a consciência de uma, ou de ambas as partes, de para tal ser impotente, é um *contrato simulado* e não funda matrimónio algum; pode também ser dissolvido à vontade por qualquer dos dois. Mas se a incapacidade aparece só depois, então aquele direito não pode sofrer detrimento por este acaso inculpável.

A *aquisição* de uma esposa ou de um esposo não ocorre, portanto, *facto* (por coabitação) sem contrato prévio, também não *pacto* (pelo simples contrato conjugal, sem coabitação subsequente), mas só *lege*: isto é, como consequência jurídica da obrigação de não entrar numa relação sexual exceto mediante a *posse* recíproca das pessoas, a qual só se pode encetar através do uso recíproco igual das suas especificidades sexuais.

O direito da sociedade doméstica

Título segundo

O direito dos pais

§ 28

Assim como do dever do homem para consigo mesmo, isto é, para com a humanidade na sua própria pessoa, brotou um direito (*ius personale*) dos dois sexos de, reciprocamente, e *de modo real*, se adquirirem como pessoas mediante o matrimónio, assim também da *procriação* nesta comunidade deriva um dever de conservar e cuidar do *seu fruto*; isto é, os filhos, como pessoas, têm assim, ao mesmo tempo, um direito originário e inato (não herdado) ao cuidado dos pais, até serem capazes de se manter por si mesmos; e, claro está, imediatamente pela lei (*lege*), isto é, sem que para tal se precise de um ato jurídico especial.

De facto, uma vez que o gerado é uma *pessoa* e é impossível conceber a produção de um ser dotado de liberdade mediante uma operação física ([5]), é uma ideia de todo correta e, inclusive, necessária, numa *perspetiva prática*, olhar o ato da procriação como aquele pelo qual pusemos uma pessoa no mundo, sem o seu consentimento, e a ele arbitrariamente a trouxemos; por tal ato pesa também sobre os pais, na medida das suas forças, a obrigação de conseguir que ela esteja contente com a sua situação. — Não podem eles destruir o seu filho como *artefacto seu* (pois algo assim não pode ser um ente dotado de liberdade) e como propriedade sua, ou abandoná-lo também ao acaso, porque nele trouxeram não só um ser do mundo, mas também um cidadão do mundo, a uma situação que igualmente, segundo os conceitos jurídicos, lhes não pode ser indiferente.

([5]) Nem sequer podemos saber como é possível que *Deus crie* seres livres; pois então, segundo parece, todas as ações futuras dos mesmos seriam predeterminadas por aquele primeiro ato e inseridas na cadeia da necessidade de natural; logo, não seriam livres. Que eles (nós, homens), porém, são livres prova-o o imperativo categórico no propósito prático-moral, como que por uma decisão soberana da razão, sem que esta consiga, todavia, tornar teoricamente concebível a possibilidade desta relação de uma causa ao efeito, porque ambos são suprassensíveis. — O que aqui se lhe pode exigir é que ela demonstre que não há contradição alguma no conceito de uma *criação de seres livres*; e isto pode muito bem acontecer, mostrando que a contradição só surge quando à categoria da causalidade se associa ao mesmo tempo a *condição temporal*, inevitável na relação aos objetos dos sentidos (isto é, o fundamento de um efeito precede este), também na relação do suprassensível (o que realmente deveria suceder, se aquele conceito causal há de receber realidade objetiva na perspetiva teórica); mas ela — a contradição — esvanece-se quando, num intuito prático-moral, portanto não sensível, se usa a pura categoria (sem um esquema a ela subjacente) no conceito de criação.

O jurista filosófico não qualificará esta indagação até aos primeiros elementos da filosofia transcendental, numa metafísica dos costumes, de reflexão desnecessária, que se transvia numa obscuridade sem objetivo, se tiver em conta a dificuldade da tarefa a resolver e ainda a necessidade de aqui satisfazer os princípios jurídicos.

§ 29

Deste dever dimana ainda necessariamente o direito dos pais à *tutela* e à formação do filho, enquanto ele não for senhor do uso dos seus membros corporais e do seu entendimento, além do direito à alimentação e ao cuidado de o educar e formar, tanto *pragmaticamente*, para que no futuro se possa manter a si mesmo e aperfeiçoar, como *moralmente*, porque, se assim não for, a culpa do seu desvario recairia sobre os pais; tudo isto até ao momento da emancipação (*emancipatio*), em que eles renunciam tanto ao seu direito paterno de mandar como também a toda a pretensão de recuperar os gastos pelo seu sustento e fadiga até então sofrida, de modo que, completada a educação, possam contar com a obrigação dos filhos (para com os pais) só como mero dever de virtude, isto é, como gratidão.

Da personalidade dos primeiros se infere também que, em virtude de os filhos jamais se poderem considerar como propriedade dos pais, antes serem ainda parte do *meu* e do *teu* dos mesmos (porque, como as coisas, estão na *posse* dos pais e podem, a partir de qualquer outra posse, e até contra a sua vontade, ser a eles devolvidos), o direito dos primeiros não é um mero direito real, logo, não alienável (*ius personalissimum*), e também não um simples direito pessoal, mas um direito pessoal de *carácter real*.

Salta, pois, aqui à vista que o título de um *direito pessoal de carácter real*, na doutrina do direito, se deve acrescentar necessariamente ao do direito real e pessoal; portanto, a divisão até agora feita não foi completa, porque, quando se fala do direito dos pais sobre os filhos como parte da sua casa, aqueles não só podem invocar o dever dos filhos de regressar quando fugirem, mas estão legitimados a apoderar-se deles como de coisas (animais domésticos extraviados) e a guardá-los.

O direito da sociedade doméstica

Título terceiro

O direito do dono da casa

§ 30

Os filhos da casa, que com os pais constituíam *uma família*, alcançam a *maioridade* (*maiorennes*), isto é, chegam a ser os seus próprios donos (*sui iuris*) sem nenhum contrato que rescinda a sua dependência passada, mediante a simples obtenção da faculdade de se manterem por si mesmos (o que acontece, em parte, devido à maioridade natural, segundo o curso geral da natureza e, em parte, devido à constituição particular), e adquirem este direito sem nenhum ato jurídico especial, portanto, só pela lei (*lege*) — nada devem aos pais pela sua educação; também os últimos, reciprocamente, se libertam do mesmo modo da sua obrigação para com eles, alcançando ou recuperando ambos assim a sua liberdade natural — a sociedade doméstica, que era necessária segundo a lei, fica doravante dissolvida.

Ambas as partes podem conservar realmente o mesmo regime doméstico, mas sob outra forma de obrigação, isto é, como vinculação do dono da casa com a criadagem (os serviçais ou as criadas da casa), portanto, podem conservar esta sociedade doméstica, mas agora como sociedade *heril* (*societas herilis*), mediante um contrato pelo qual o primeiro, com os filhos adultos ou, se a família não tiver filhos, com outras pessoas livres (da comunidade doméstica), fundaria uma sociedade doméstica, que seria uma sociedade desigual [do que *manda*, ou do *senhorio* e dos que *obedecem*, ou seja, a criadagem (*imperantis et subiecti domestici*)].

A criadagem pertence então ao *seu* do dono da casa e, sem dúvida, quanto à forma (*o estado de posse*), pertence-lhe como que por um direito real; de facto, o dono da casa pode recuperá-la, se ela fugir, por arbítrio unilateral. Porém, quanto à matéria, isto é, ao *uso* que pode fazer destes coabitantes da sua casa, nunca se pode comportar como o seu proprietário (*dominus servi*): porque só estão em seu poder por contrato; um contrato pelo qual uma parte renuncia à sua inteira liberdade em benefício da outra, portanto, deixa de ser pessoa, logo também não tem o dever de cumprir um contrato, apenas reconhece a violência; é um contrato em si mesmo contraditório, isto é, nulo e inválido. (Não se fala aqui do direito de propriedade sobre aquele que, por um delito, ficou privado da sua personalidade.)

Por conseguinte, o contrato do dono da casa com a criadagem não pode ser de tal índole que o seu *uso* seja um *abuso*, a cujo respeito, porém, o juízo cabe não só ao senhor, mas também à criadagem (a qual, portanto, nunca poderá ser reduzida à servidão); logo, ele não pode ser ratificado de modo vitalício mas, quando muito, por um tempo indeterminado, dentro do qual é permitido a uma parte romper a vinculação com a outra. Mas os filhos são sempre livres (inclusive os de alguém que, pelo seu delito, se transformou em escravo). Pois, todo o homem nasceu livre, já que ainda nada fez de mal, e os custos da sua educação até à maioridade também não se lhe podem atribuir como uma dívida que tenha de saldar. Também o escravo, se pudesse, deveria educar os seus filhos, sem lhes fazer pagar essas despesas; dada a sua incapacidade, substituiu-o na sua obrigação o detentor do escravo.

* * *

Vê-se, pois, também aqui, como nos títulos anteriores, que existe um direito pessoal de índole real (do dono sobre a criadagem); porque se podem recuperar e reclamar como o *seu* externo de cada possuidor, ainda antes de se poder investigar as razões que a tal induziram e o seu direito.

Divisão dogmática de todos os direitos adquiridos por contrato

§ 31

De uma doutrina metafísica do direito pode exigir-se que especifique *a priori*, de modo completo e com precisão, os membros da divisão (*divisio logica*) e estabeleça assim um verdadeiro sistema dos mesmos; em contrapartida, toda a *divisão empírica* é só *fragmentária* (*partitio*) e deixa na incerteza se não haverá ainda outros membros, que se requereriam para completar a esfera integral do conceito dividido. — Pode, pois, denominar-se *dogmática* uma divisão segundo o princípio *a priori* (por contraposição à empírica).

Todo o contrato consta em si, isto é, *objetivamente* considerado, de dois atos jurídicos: da promessa e da sua aceitação. A aquisição, que se efetua mediante a última (se não for um *pactum re initum*, que exige a entrega), não é uma parte, mas a *consequência* juridicamente necessária do contrato. — Mas, numa consideração *subjetiva*, isto é, como resposta à pergunta sobre se aquela consequência, racionalmente necessária (que *deveria* ser a *aquisição*), também efetivamente *se seguirá* (será uma consequência *física*), ainda não tenho, com a aceitação da promessa, *garantia* alguma. Pois esta, enquanto exterior à modalidade do contrato, isto é, enquanto atinente à *certeza* da aquisição graças ao mesmo, é um elemento complementar à totalidade dos meios para alcançar o fim do contrato, ou seja, a aquisição. — Em vista de tal fim entram em cena três pessoas: *o que promete*, *o que aceita* e *o que garante*; graças a este último e ao seu particular contrato com quem promete, o aceitante nada ganha no tocante ao objeto, mas ganha, sim, quanto aos meios coercivos para conseguir o *seu*.

Segundo os princípios da divisão lógica (racional), há, em rigor, apenas três classes simples e *puras* de contrato; mas há inúmeras das mistas e empíricas que, aos princípios do *meu* e do *teu*, segundo as meras leis racionais, acrescentam ainda princípios estatutários convencionais; ficam, todavia, fora do círculo da doutrina metafísica do direito, que é a única que aqui deve figurar.

Todos os contratos têm, pois, como meta, ou A) a aquisição *unilateral* (contrato de beneficência), ou B) uma *recíproca* (contrato oneroso), ou nenhuma aquisição, mas só C) *segurança* do *seu* (que pode ser, por um lado, de beneficência, por outro, todavia, também simultaneamente oneroso).

A) O contrato de *beneficência* (*pactum gratuitum*) é:
- a) A *custódia* do bem encomendado (*depositum*).
- b) O *empréstimo* de uma coisa (*commodatum*).
- c) A *doação* (*donatio*).

B) O contrato *oneroso*.
- I. O *contrato de alienação* (*permutatio late sic dicta*):
  - a) A *troca* (*permutatio stricte sic dicta*). Mercadoria por mercadoria.
  - b) A *compra* e a *venda* (*emtio, venditio*). Mercadoria por dinheiro.
  - c) O *empréstimo* (*mutuum*): alienação de uma coisa, com a condição de a recuperar apenas sob a mesma espécie (por exemplo, trigo por trigo, ou dinheiro por dinheiro).

- II. O *contrato de locação* (*locatio, conductio*):
  - a) A *locação de uma coisa minha* a outro para uso dela (*locatio rei*), a qual, se apenas puder ser restituída *in specie*, pode então, como contrato oneroso, unir-se também ao *pagamento de juros* (*pactum usurarium*).
  - b) O *contrato salarial* (*locatio operae*), isto é, a concessão a outrem do uso das minhas forças por um preço determinado (*merces*). Segundo este contrato, o trabalhador é o assalariado (*mercennarius*).
  - c) O *contrato de procuração* (*mandatum*): a gestão realizada em vez e em nome de outrem. Diz-se *gestão sem delegação*, quando ela se faz apenas em vez de

outro, e não ao mesmo tempo em seu nome (*gestio negotti*); mas quando se executa em nome de outro chama-se *mandato*, o qual aqui, como contrato de aluguer, é um contrato oneroso (*mandatum onerosum*).

C) O *contrato de caução* (*cautio*):

a) A *hipoteca e a aceitação da fiança* ao mesmo tempo (*pignus*).

b) *A fiança* pela promessa de outrem (*fideiussio*).

c) A *garantia pessoal* (*praestatio obsidis*).

Neste quadro, que contém todas as classes de transferência (*translatio*) do *seu* para *outrem*, encontram-se conceitos de objetos ou de instrumentos desta transferência que parecem ser de todo empíricos e que, inclusive segundo a sua possibilidade, não têm, em rigor, lugar numa doutrina *metafísica* do direito, na qual as divisões se devem fazer segundo princípios *a priori*, pelo que é necessário abstrair da matéria do intercâmbio (que poderia ser convencional) e atender só à forma; tal é o caso do conceito de *dinheiro*, em oposição a toda a outra coisa alienável, isto é, a *mercadoria*, no título da *compra* e *venda*, ou no caso de um *livro*. — Mostrar-se-á, porém, que o conceito do maior e mais usado de todos os meios de *troca* dos homens relativamente às coisas, chamado *compra* e *venda* (comércio), como o de um livro enquanto meio do máximo intercâmbio dos pensamentos, se pode reduzir, todavia, a meras relações intelectuais, e assim o quadro dos contratos puros não se contaminaria com uma mescla empírica.

I

O que é o dinheiro?

O *dinheiro* é uma coisa, cujo *uso* só é possível mediante a sua *alienação*. Eis uma boa *definição nominal* (segundo Achenwall), isto é, uma definição suficiente para distinguir esta classe de objetos do arbítrio de todos os outros; mas nada nos esclarece sobre a possibilidade de semelhante coisa. Todavia, vislumbra-se assim que, primeiro, esta alienação, na troca, não se intenta como doação, mas como aquisição *recíproca* (por meio de um *pactum onerosum*); em segundo lugar, que, em virtude de se conceber como um simples *meio* de comércio universalmente aceite (num povo), carente em si de valor, em contraposição a uma coisa como *mercadoria* (isto é, àquilo que tem um valor e se refere à particular necessidade de um ou de outro no povo), *representa* todas as mercadorias.

Um alqueire de trigo tem o máximo valor direto como meio para satisfazer necessidades humanas. Podem com ele alimentar-se animais que nos servem para o alimento, o transporte e o trabalho em nosso lugar; em seguida, graças ao mesmo, aumentam e se conservam também os homens, que não só reproduzem sempre os produtos naturais, mas ainda podem vir em ajuda de todas as nossas necessidades com produtos artificiais: o fabrico da nossa habitação, do vestuário, de prazeres seletos e de toda a comodidade fornecida pelos bens da indústria. O valor do dinheiro, pelo contrário, é só indireto. Nem se pode desfrutar em si mesmo nem, enquanto tal, se pode utilizar imediatamente para nada; todavia, é um meio que entre todas as coisas é da máxima utilidade.

Pode aqui fundar-se provisoriamente uma *definição real* do dinheiro: é o meio universal *para trocar o trabalho dos homens entre si*; de modo que a riqueza nacional, na medida em que foi adquirida por meio do dinheiro, é, em rigor, apenas a soma da diligência com que os homens se retribuem entre si e que é representada no dinheiro que circula no povo.

Ora, a coisa que se há de chamar dinheiro deve ela própria ter custado o mesmo *trabalho* para a produzir, ou também para a pôr nas mãos de outros homens, que aquele pelo qual a mercadoria (em produtos naturais ou artificiais) teve de ser adquirida e pelo qual se troca. Pois, se fosse mais fácil conseguir a matéria que se chama dinheiro do que a mercadoria, chegaria ao mercado mais dinheiro do que a mercadoria que existe à venda; e visto que o vendedor deveria aplicar na sua mercadoria mais trabalho do que o comprador, ao qual o dinheiro aflui com maior rapidez, desapareceria a diligência na fabricação de mercadorias e, deste modo, se esvaneceriam e diminuiriam ao mesmo tempo a indústria e o trabalho lucrativo, que tem como consequência a riqueza pública. — Portanto, as notas de banco e os cheques não se podem olhar como dinheiro, embora por algum tempo o representem; porque não custa trabalho algum fabricá-los, e o seu valor reside unicamente na suposição da persistência ulterior da troca conseguida até agora em dinheiro; suposição que de repente desaparece, quando eventualmente se descobre que não há uma quantidade suficiente deste último para o comércio fácil e seguro, tornando-se inevitável a falta de pagamento. — Por isso, o trabalho industrial dos que exploram as minas de ouro e de prata no Peru ou no Novo México, sobretudo nas tentativas, fracassadas de tão diferentes modos, de uma diligência aplicada inutilmente à busca de filões, é talvez maior ainda do que o que na Europa se emprega no fabrico de mercadorias; este trabalho, porque não retribuído e, portanto, esmorecendo *de per si*, depressa deixaria afundar na miséria esses países, se, em contrapartida, a diligência da Europa, incitada por esses materiais, não aumentasse ao mesmo tempo proporcionalmente para neles, de modo constante, manter vivo o gosto pela exploração mineira, oferecendo-lhes coisas de luxo: pelo que o trabalho está sempre em competição com o trabalho.

Mas como é possível que o que inicialmente era mercadoria se converta, por fim, em dinheiro? Quando um grande e poderoso esbanjador de uma matéria, que, no começo, só utilizava para adorno e brilho dos seus criados (da corte) (por exemplo, ouro, prata, cobre, ou uma classe de conchas preciosas, *cauris*; ou também, como no Congo, uma classe de esteira, chamada «macute», ou como no Senegal, barras de ferro e, na costa da Guiné, inclusive, escravos negros), isto é, quando um *soberano* exige que os impostos dos seus súbditos se façam nesta matéria (como mercadoria) e com a mesma paga, por seu turno, àqueles cuja diligência na sua aquisição deve assim ser estimulada, segundo as disposições do comércio entre eles e com eles (num mercado ou numa bolsa). — Só assim (no meu modo de ver) pôde uma mercadoria tornar-se um meio legal de troca do trabalho dos súbditos entre si e, portanto, da riqueza estatal, isto é, *dinheiro.*

Por conseguinte, o conceito intelectual de dinheiro, a que está subjacente o empírico, é o conceito de uma coisa que, inserida na circulação da posse (*permutatio publica*), determina o *preço* de todas as outras coisas (mercadorias), entre as quais figuram inclusive as ciências, porquanto não se ensinam grátis aos demais; por conseguinte, a sua quantidade num povo constitui a sua riqueza (*opulentia*). De facto, o preço (*pretium*) é o juízo público sobre o *valor* (*valor*) de uma coisa, em relação à quantidade proporcional daquilo que é o meio universal, representativo da troca do *trabalho* (da circulação). — Daí que, onde o comércio é grande, nem o *ouro* nem o cobre se consideram propriamente como dinheiro, mas só como mercadoria: porque há demasiado pouco do primeiro e demasiado do segundo para o pôr facilmente em circulação e obter, todavia, em partes tão pequenas como é necessário para negociar com a mercadoria, ou com uma quantidade da mesma numa compra minúscula. Por isso, no grande comércio mundial, toma-se a prata (mais ou menos misturada com cobre) como o genuíno material do dinheiro e como o padrão para calcular todos os preços; os restantes metais (e, portanto, ainda mais as matérias não metálicas) só se podem encontrar num povo de tráfico reduzido. — Os dois primeiros, quando foram não só pesados, mas também cunhados, isto é, providos de um sinal que indica quanto hão de valer, são dinheiro legal, isto é, *moeda.*

«O dinheiro é, pois (segundo Adam Smith), aquele corpo, cuja alienação é o meio e, ao mesmo tempo, a medida do trabalho com que os homens e os povos entre si comercializam». — Esta definição conduz o conceito empírico de dinheiro até ao intelectual, já que considera só a *forma* das prestações recíprocas no contrato oneroso (e abstrai da sua matéria); portanto, na troca do *meu* e do *teu* em geral (*commutatio late sic dicta*), considera-se só o conceito jurídico para representar de modo adequado o quadro, já mencionado, de uma divisão dogmática *a priori* e, por conseguinte, da metafísica do direito como um sistema.

II

O que é um livro?

Um livro é um escrito (é aqui indiferente se está escrito com pena ou com caracteres tipográficos, se tem poucas ou muitas páginas) que, mediante sinais linguísticos visíveis, representa um discurso que alguém dirige ao público. — Quem a este *fala* em seu próprio nome é o *escritor* (autor). Quem fala publicamente mediante um escrito em nome de outrem (do autor) é o *editor.* Este, quando o faz com permissão do autor, é o editor legítimo; mas se o fizer sem ela, é o editor ilegítimo, isto é, o *reimpressor.* A soma de todas as cópias do original (exemplares) é a *edição.*

A reimpressão de livros está legalmente proibida

Um *escrito* não designa imediatamente um conceito (à maneira, por exemplo, de uma gravura em cobre, enquanto *retrato*, ou de um modelo de gesso como *busto*, que representam uma determinada pessoa), mas é um *discurso* dirigido ao público; isto é, o escritor *fala* publicamente através do editor. — Mas este, a saber, o *editor*, não fala (mediante o seu operário, *operarius*, o tipógrafo) em seu próprio nome (pois, de outro modo, desejaria passar por autor), mas em nome do autor; portanto, só um *mandato* (*mandatum*) deste último a tal o autoriza. — Ora bem, o reimpressor, através da sua edição arbitrária, fala também, decerto, em nome do autor, mas sem para isso ter um mandato (*gerit se mandatarium absque mandato*); por conseguinte, comete um delito contra o editor autorizado pelo autor (portanto, o único legítimo), ao roubar-lhe a vantagem que o editor podia e pretendia extrair do uso do seu direito (*furtum usus*); logo, a *reimpressão de livros está juridicamente proibida.*

A causa da aparência jurídica de uma injustiça que, à primeira vista, é tão chamativa, como é a reimpressão de livros, radica no facto de que o livro é, *por um lado*, um *produto artificial* corporal (*opus mechanicum*), que pode ser copiado (por quem se encontre legitimamente na posse um exemplar), portanto, existe assim aqui um *direito real*; mas, *por outro lado*, o livro é também um mero *discurso* do editor ao público, que este não pode reproduzir publicamente (*praestatio operae*) sem para isso ter um mandato do autor, um *direito pessoal*, e então o erro consiste em que ambos se confundem.

* * *

A confusão do direito pessoal com o direito real é ainda matéria de disputa noutro caso, referente ao contrato de arrendamento [B, II, a), a saber, o do *inquilinato* (*ius incolatus*)]. — Pergunta-se: estará o proprietário de uma casa (ou uma terra) já arrendada a alguém, se a vende a outro antes de transcorrer o prazo de arrendamento, obrigado a acrescentar ao contrato de compra a condição de continuar com o arrendamento, ou pode dizer-se que a compra interrompe o arrendamento (decerto no tempo de rescisão determinado pelo uso)? — No primeiro caso, a casa sofreria realmente um *encargo* (*onum*), um direito à coisa, que o arrendatário sobre ela (a casa) teria adquirido; o que muito bem poderia acontecer (registando o contrato de arrendamento da casa), mas então não seria um simples contrato de arrendamento, antes para tal teria de acrescentar ainda outro contrato (ao qual se não prestariam muitos arrendadores). Vale, pois, o princípio: «a compra interrompe o arrendamento», isto é, o pleno direito a uma coisa (a propriedade) prevalece sobre todo o direito pessoal que com ele não possa coexistir; todavia, assim, em virtude deste último direito, o arrendatário pode reclamar uma indemnização pelo prejuízo causado pela violação do contrato.

Secção episódica

A aquisição ideal de um objeto exterior do arbítrio

§ 32

Chamo *ideal* à aquisição que não contém causalidade alguma no tempo, por conseguinte, tem por fundamento uma simples ideia da razão pura. Não deixa por isso de ser uma aquisição *verdadeira*, não imaginária, e só não se chama real porque o ato de aquisição não é empírico, na medida em que o sujeito adquire de outro, que ou *ainda não é* (de que apenas se supõe a possibilidade de que seja), ou precisamente *deixa de ser*, ou *já não é*; logo, a consecução da posse é uma mera ideia prática da razão. — São três as classes de aquisição: 1) por *usucapião*, 2) por *herança*, 3) por *mérito imperecível* (*meritum immortale*), isto é, o direito a um bom-nome depois da morte. Todas as três produzem efeito só num Estado Jurídico público, mas não se *baseiam* apenas na constituição do mesmo e em estatutos arbitrários, antes se podem pensar também *a priori* no Estado de Natureza e, decerto, de modo necessário e prévio, para depois, e em conformidade, se estabelecerem as leis da constituição civil (*sunt iuris naturae*).

I

O modo de aquisição por usucapião

§ 33

Adquiro a propriedade de outrem simplesmente por *posse prolongada* (*usucapio*); não porque me seja permitido *pressupor* legitimamente que ele nisso consente (*per consensum praesumtum*), nem porque possa supor, pois ele se não opõe, que *abandonou* a sua coisa (*rem derelictam*), mas porque, se houvesse um verdadeiro (pretendente) e reclamasse a coisa como proprietário, posso ainda *excluí-lo* simplesmente pela minha prolongada posse, ignorar a sua existência anterior e, inclusive, proceder como se, durante o tempo da minha posse, existisse só como ente fictício; embora pudesse estar informado posteriormente tanto da sua existência como da sua reclamação. — A este modo de aquisição chama-se, não de forma totalmente correta, aquisição *por prescrição* (*per praescriptionem*); de facto, a exclusão considerar-se-á só como a consequência dela; a aquisição deve ter sido prévia. — Demonstrar-se-á agora a possibilidade de adquirir deste modo.

Com razão se considera inexistente (como possuidor) quem não exerce um *ato de posse* (*actus possessorius*) permanente de uma coisa externa como sua; pois, não se pode queixar de lesão alguma enquanto não se fizer credor do título de possuidor. E se, mais tarde, quando outro já dela tomou posse, se declarar também possuidor, apenas assere que antes fora alguma vez proprietário, mas não que ainda o é, e que a posse se manteve ininterrupta sem um ato jurídico continuado. — Portanto, só por um ato de posse jurídico, isto é, que persiste continuamente e está documentado, pode ele assegurar o *seu*, apesar de uma falta de uso prolongado.

Faça-se, pois, esta suposição: se a omissão do ato de posse não tivesse como consequência que outro funde na sua posse legítima e honrada (*possessio bonae fidei*) uma posse legal (*possessio irrefragabilis*) e considere como por ele adquirida a coisa que está na sua posse, então nenhuma aquisição seria perentória (garantida), mas todas seriam unicamente provisórias (interinas); de facto, o conhecimento histórico é incapaz de chegar, na sua investigação, até ao primeiro possuidor e ao seu ato de aquisição. — Portanto, a presunção em que assenta a usucapião não só é *legítima* (permitida, *justa*) enquanto *conjectura*, mas também legal (*praesumtio iuris et de iure*) como pressuposto segundo leis coercivas (*suppositio legalis*): quem descura documentar o seu ato de posse perdeu a sua pretensão frente ao atual possuidor, e a extensão do tempo de omissão (que se não pode nem deve de modo algum determinar) aduzir-se-á apenas para certificar tal abandono. Se aquele ato de posse (mesmo que sem culpa) se interrompeu, o já mencionado postulado da razão prático-jurídica opõe-se a que um possuidor até agora desconhecido possa sempre recuperar (reivindicar) a coisa (*dominia rerum incerta facere*). Ora bem, se ele é um membro da comunidade, isto é, no Estado Civil, pode muito bem o Estado conservar-lhe a sua posse (por substituição), embora esta tivesse sido interrompida como propriedade privada, e o atual possuidor não está obrigado a demonstrar o seu título de aquisição até à primeira nem a basear-se também no título de usucapião. Mas, no Estado da Natureza, este último é legítimo, não propriamente como meio de assim adquirir uma coisa, mas para se conservar na posse dela sem um ato jurídico: a esta isenção de reclamações costuma também chamar-se aquisição. — Portanto, a prescrição do possuidor mais antigo pertence ao direito natural (*est iuris naturae*).

II

A herança
(Acquisitio haereditatis)

§ 34

A *herança* é a transferência (*translatio*) dos haveres e bens de um moribundo para um sobrevivente, de acordo com a vontade de ambos. — A aquisição por parte do *herdeiro* (*heredis instituti*) e a cessão por parte do testador (*testatoris*), isto é, a troca do *meu* e do *teu*, ocorrem num instante (*articulo mortis*), ou seja, justamente quando o último deixa de existir; portanto, não é em rigor uma transferência (*translatio*) em sentido empírico, a qual pressupõe dois atos sucessivos, isto é, primeiro, um cede a sua posse e, em seguida, o outro recebe-a, mas é uma aquisição ideal. — Se, no Estado da Natureza, não é viável conceber a herança sem *testamento* (*dispositio ultimae voluntatis*), e se a questão de se ele é um pacto *sucessório (pactum successorium)* ou uma *instituição unilateral de herdeiro* (*testamentum*) depende da questão de se, e como, é possível uma transição do *meu* e do *teu* justamente no próprio momento em que o sujeito deixa de existir, então a pergunta — «como é possível o modo de adquirir por herança?» — deverá investigar-se independentemente das suas multímodas formas possíveis de realização (que só se encontram numa comunidade).

«É possível adquirir por instituição de herdeiros». — De facto, o testador Caio promete e declara na sua última vontade a Tito, o qual nada sabe daquela promessa, que os seus haveres passarão para ele na sua morte; portanto, enquanto viver, continua ele a ser o seu único proprietário. Ora bem, nada pode passar a outro por simples vontade unilateral; para tal, além da promessa, requerem-se ainda a aceitação (*acceptatio*) da outra parte e uma vontade simultânea (*voluntas simultanea*) que, todavia, aqui falta; pois enquanto Caio viver, Tito não pode aceitar explicitamente para deste modo adquirir: porque aquele só prometeu em caso de morte (caso contrário, a propriedade seria comum num instante, o que não é a vontade do testador). — Mas Tito adquire tacitamente um direito particular à herança como direito real, a saber, o direito de a aceitar em exclusivo (*ius in re iacente*), pelo que esta se denomina *haeredias iacens* no momento considerado. Ora, porque todo o homem aceita necessariamente semelhante direito (pois assim bem pode ganhar, mas nunca perder), logo, também tacitamente, e porque Tito, à morte de Caio, se encontra neste caso, pode então adquirir a herança mediante a aceitação da promessa; esta, entretanto, não careceu totalmente de dono (*res nullius*), mas apenas esteve *vacante* (*res vacua*), porque ele tinha em exclusivo o direito de escolher se queria, ou não, tornar *seu* os haveres legados.

Os testamentos são, pois, válidos segundo o mero direito natural (*sunt iuris naturae*). Mas há que entender esta afirmação de tal modo que eles sejam suscetíveis e dignos de ser introduzidos e sancionados no Estado Civil (quando ele, um dia, surgir).

De facto, só este (a vontade universal nele) protege a posse da herança, enquanto ela flutuar entre a aceitação e a recusa e, em rigor, a ninguém pertencer.

III

Deixar um bom-nome após a morte
(Bona fama defuncti)

§ 35

Seria descabido pensar que o defunto pudesse ainda possuir algo, após a sua morte (portanto, quando já não existe), se o legado fosse uma coisa. Mas o *bom-nome* é um *meu* ou um *teu* exterior inato, embora somente ideal, que acompanha o sujeito como pessoa, de cuja natureza — se ela acabará por completo com a morte ou se como tal subsistirá — posso e devo abstrair, porque, na relação jurídica a outros, considero cada pessoa apenas segundo a sua humanidade, portanto, como *homo noumenon*; por isso, é sempre arriscado todo o intento de o difamar após a morte, embora possa muito bem, a seu respeito, ter lugar uma acusação fundada (logo, será incorreto o princípio *de mortuis nihil nisi bene*), porque difundir censuras contra o ausente, que se não pode defender, sem delas ter a máxima certeza, indicaria, pelo menos, falta de magnanimidade.

Que, graças a uma vida irrepreensível e a uma morte que a conclui, o homem adquira como *seu* um bom (ou mau-nome), o qual lhe sobrevive, quando ele já não existe como *homo phaenomenon*, e que os sobreviventes (parentes ou estranhos) estejam também autorizados a defendê-lo perante um tribunal (porque a acusação não provada os põe a todos em perigo, em virtude de uma ocorrência análoga após a sua morte); que ele — digo eu — possa adquirir semelhante direito, é um fenómeno tão raro quanto inegável, da razão legisladora *a priori*, a qual estende o seu mandamento e a sua proibição, inclusive, além dos limites da vida. — Se alguém difunde um delito de um defunto que, em vida, teria feito dele um infame, ou apenas um desprezível, então quem quer que consiga provar que a acusação é deliberadamente falsa e mentirosa pode, em público, qualificar de caluniador aquele que difama o defunto. Pode, portanto, desonrá-lo; não lhe seria permitido fazer isso, se, com razão, não supusesse que assim se injuria o defunto, embora esteja morto, e que este, embora já não exista, recebe uma reparação mediante essa apologia([6]). Não necessita também de justificar a autorização para assumir o papel de apologista do defunto, porque cada homem para si inevitavelmente a adota, pois ela é inerente não só ao dever de virtude (eticamente considerado), mas, inclusive, ao direito da humanidade enquanto tal; e para o autorizar a semelhante censura não é necessário que a desonra do defunto ocasione danos pessoais particulares, por exemplo, aos amigos e parentes. — É, pois, indiscutível a fundamentação de uma tal aquisição ideal e de um direito do homem após a morte em face dos sobreviventes, embora a possibilidade dos mesmos não seja suscetível de dedução alguma.

([6]) Aqui, porém, não se infere lunaticamente a perceção prévia de uma vida futura e de relações invisíveis com almas já ausentes; neste lugar, fala-se só da relação puramente moral e jurídica que, entre os homens, também na vida ocorre; nela se encontram estes, enquanto seres inteligíveis, na medida em que todo o elemento físico (inerente à sua existência no espaço e no tempo) dela *logicamente* se separa, isto é, *abstrai*, mas ela não deixa que os homens se dispam da sua natureza e se convertam em espíritos; nesse estado sentiriam a ofensa através dos seus caluniadores. — Quem, passados cem anos, me atribui falsamente algo de mau, já não me causa dano; pois, na pura relação jurídica, que é inteiramente intelectual, abstrai-se de todas as condições físicas (do tempo), e o maldizente (caluniador) é tão condenável como se o tivesse feito durante o tempo da minha vida; só que não por meio de um processo criminal, mas apenas porque a ele, segundo o direito da retaliação, e graças à opinião pública, lhe é acrescentada a mesma perda da honra, que noutrem vituperava. — Até o *plagiato*, que um escritor censura ao morto, embora não manche a honra do defunto, antes lhe roube apenas uma parte dela, é, com razão, punido como lesão a ele feita (roubo).

Capítulo terceiro

A AQUISIÇÃO SUBJETIVAMENTE CONDICIONADA PELA SENTENÇA DE UMA JURISDIÇÃO PÚBLICA

§ 36

Se por direito natural entendermos apenas o não-estatutário, portanto, unicamente o direito cognoscível *a priori* pela razão de cada homem, então pertencerá igualmente ao direito natural não só a *justiça* vigente entre as pessoas no seu comércio recíproco (*iustitia commutativa*), mas também a justiça distributiva (*iustitia distributiva*), tal como se pode conhecer *a priori*, segundo a sua lei, que ela deve ditar a sua sentença (*sententia*).

A pessoa moral que administra a justiça é a *corte de justiça* (*forum*) e, no desempenho das suas funções, o *tribunal* (*iudicium*); tudo isto pensado só de harmonia com condições jurídicas *a priori*, sem ter em conta como se há de estabelecer e organizar realmente uma tal constituição (para o que se requerem estatutos e, portanto, princípios empíricos).

Portanto, a questão não consiste aqui somente em determinar o que *em si é justo*, isto é, como terá cada homem de julgar por si mesmo a tal respeito, mas o que é justo perante uma corte de justiça, ou seja, o que é de direito. E há *quatro* casos em que se emitem juízos de dois tipos diferentes e contrapostos e que, todavia, podem coexistir: porque se emitem a partir de dois pontos de vista diferentes, ambos verdadeiros; um, segundo o direito privado, o outro, segundo a ideia do direito público. — São eles: 1) o *contrato de doação* (*pactum donationis*); 2) o *contrato de empréstimo* (*commodatum*); 3) a *reivindicação* (*vindicatio*); 4) a *prestação de juramento* (*iuramentum*).

É um erro habitual da sub-repção (*vitium subreptionis*) dos jurisconsultos considerar, também objetivamente, como em si justo, o princípio jurídico que uma corte de justiça está autorizada a aceitar para os seus próprios fins (portanto, com um propósito subjetivo), ou até a tal obrigada para administrar justiça a cada um e julgar; porque o primeiro é, decerto, muito diferente do último. — Não é, pois, de pouca monta dar a conhecer esta diferença específica e chamar a atenção para ela.

A

§ 37

O contrato de doação

Este contrato (*donatio*) pelo qual *alieno gratuitamente* (*gratis*) o *meu*, a minha coisa (ou o meu direito), contém uma relação de mim, o doador (*donans*), com outrem, o donatário (*donatarius*), segundo o *direito privado*, graças à qual o *meu* transita para ele mediante a sua aceitação (*donum*). — Mas não se presuma que com isto julgue eu estar obrigado a cumprir a minha promessa e, portanto, a alijar em vão a minha *liberdade* e, por assim dizer, a vender-me a mim mesmo (*nemo suum iactare praesumitur*) — o que, todavia, aconteceria no Estado Civil, segundo o direito; porque nele pode o donatário *forçar-me* à prestação da promessa; por conseguinte, se a coisa chegasse ao tribunal, isto é, de acordo com um direito público, teria de presumir-se ou que o doador consentiu na coação, o que é absurdo, ou que a corte de justiça, na sua sentença (*sententia*), não tem em vista se aquele quis, ou não, reservar-se a liberdade de renunciar à sua promessa, mas sim o que é certo, a saber, a promessa e a aceitação de quem recebe a promessa. Pois, embora o promitente, como bem se pode presumir, tenha pensado que, no caso de ainda se arrepender da promessa antes de a cumprir, não poderia a tal ser obrigado, o tribunal supõe que ele deveria tê-la expressamente reservado e, se não o tivesse feito, poderia obrigá-lo a cumpri-la; o tribunal adota este princípio porque, de outro modo, seria imensamente difícil ou até impossível administrar a justiça.

B

§ 38

O empréstimo

Neste contrato (*commodatum*), pelo qual permito a alguém usar gratuitamente o *meu*, e no qual, quando o *meu* é uma coisa, os pactuários acordam em que se me devolva a *mesma* coisa, o comodatário (*commodatarius*) não pode presumir ao mesmo tempo que o proprietário da coisa (*commodans*) assume também todo o risco (*casus*) de possível perda da coisa ou das qualidades da mesma que lhe são úteis, risco que poderia advir em virtude de a pôr na posse do comodatário. Pois, não é evidente que o proprietário, além de ter concedido ao comodatário o uso da *sua* coisa (além do dano pessoal inseparável do uso), tenha igualmente sancionado uma *garantia* contra todo o dano que possa sofrer, devido a separá-la da sua custódia; mas deveria a seu respeito fazer um contrato especial. Por isso, a questão pode unicamente ser esta: a qual dos dois — o comodante ou o comodatário — cabe acrescentar expressamente ao empréstimo a cláusula pela qual assume o perigo que a coisa pode correr? Ou, se isto não acontecer, de quem se poderá *presumir* o *consentimento* em assegurar a propriedade do comodante (devolvendo a mesma ou um equivalente)? Não do prestador, pois não é de presumir que tenha consentido gratuitamente a não ser no simples uso da coisa (ou seja, não consentiu, além disso, em assumir a segurança da própria propriedade), mas sim do comodatário, porque nada mais faz do que o que já está contido no contrato. Se eu, por exemplo, na ocorrência de um aguaceiro, entro numa casa e peço emprestado um sobretudo que, devido ao despejo imprevidente, pela janela, de matérias descolorantes, se estraga, ou se mo roubam ao deixá-lo noutra casa em que entro, soará como absurda a qualquer pessoa a afirmação de que eu deveria apenas devolvê-lo tal como está, ou somente notificar o roubo; de qualquer modo, seria ainda uma cortesia compadecer-se do proprietário pela perda, já que pelo seu direito nada pode exigir. — Algo de todo distinto seria se eu, ao pedir para usar a coisa, pedisse também de antemão que, no caso de ela sofrer dano nas minhas mãos, se assumisse também esse risco, porque sou pobre e incapaz de reparar a perda. Ninguém achará supérfluo e ridículo este último caso, a não ser que aquele que empresta seja um homem notoriamente rico e bem-pensante, porque então quase seria uma ofensa não presumir a remissão generosa da minha dívida.

* * *

Ora bem, se, no contrato de empréstimo sobre o *meu* e o *teu* (e como o exige a natureza deste contrato), nada se dispôs sobre o possível acidente (*casus*) que a coisa possa sofrer, ele é então um contrato incerto (*pactum incertum*), porque o consentimento apenas se presumiu, e o juízo a seu respeito, isto é, a decisão sobre quem suportará a desgraça, não se pode tomar a partir das condições do contrato em si mesmo, mas *só* como ocorre *perante um tribunal*, que nele apenas tem em conta o certo (aqui, a posse da coisa como propriedade); pelo que o juízo no *Estado de Natureza*, isto é, segundo a constituição interna da coisa, rezará assim: o dano por deterioração de uma coisa emprestada recai sobre o *comodatário* (*casum sentit commodatarius*). Pelo contrário, no *Estado Civil*, portanto, perante um tribunal, a sentença será: o dano recai sobre *o que empresta* (*casum sentit dominus*); e será, na verdade, radicalmente diferente da sentença do simples bom senso, porque um juiz público não se pode abandonar a presunções do que uma ou outra parte possa ter pensado, antes suportará o dano quem não preservou a sua liberdade em relação a todo o prejuízo da coisa emprestada, mediante o aditamento de um contrato especial. — Portanto, a diferença entre o juízo, tal como o deveria pronunciar um tribunal, e o juízo que a razão privada de cada qual está, *de per si*, capacitada para emitir é um ponto que de nenhum modo se deve descurar, na retificação dos juízos jurídicos.

C

§ 39

A reivindicação (recuperação) do perdido (vindicatio)

Depreende-se claramente do antes dito que uma coisa duradoira, que é minha, continua a ser a minha, embora eu não esteja na sua retenção duradoura, e *de per si* não deixa de ser minha sem um ato jurídico (*derelictionis vel alienationis*): e que me cabe um direito a esta coisa (*ius reale*), por conseguinte, um direito frente a todo o detentor da mesma, e não apenas perante uma pessoa determinada (*ius personale*). Falta, porém, saber se este direito deverá ser também considerado por *qualquer outro* como uma propriedade por si duradoura, quando *simplesmente* a ela *não renunciei*, e a coisa está na posse de outrem.

Se a coisa perdida me chega às mãos (*res amissa*), e por outro de *boa fé* (*bona fide*), como um suposto achado, ou por alienação formal do possuidor que se comporta como proprietário, embora não o seja, é mister saber se, em virtude de não poder adquirir uma coisa de um *não proprietário* (*a non domino*), ficarei excluído pelo proprietário de todo o direito à coisa e apenas me resta um direito pessoal perante o possuidor ilegítimo. — Tem lugar, obviamente, o último caso, quando se avalia a aquisição só segundo as suas razões legitimadoras internas (no Estado de Natureza), e não segundo a conveniência de um tribunal.

De facto, todo o alienável tem de poder ser adquirido por alguém. Mas a legalidade da aquisição assenta inteiramente na forma como me é transferido e eu aceito o que está na posse de outrem, isto é, depende da formalidade do ato jurídico da troca (*commutatio*) entre o possuidor da coisa e o adquirente, sem que possa indagar como é que o possuidor a tal chegou; porque isso seria já uma ofensa (*quilibet praesumitur bonus, donec, etc.*). Supondo, pois, que ulteriormente se comprovava que aquele não era o proprietário, mas outro, não posso então dizer que este me poderia fazer diretamente responsável (ou também a qualquer outro que seja detentor da coisa). Com efeito, nada lhe roubei, apenas comprei legalmente (*titulo emti venditi*), por exemplo, o cavalo que se pôs à venda no mercado público: porque, da minha parte, o título da aquisição é inquestionável, mas (enquanto comprador) não estou obrigado, nem sequer autorizado, a investigar o título de posse do outro (do vendedor) — pois, esta indagação no sentido ascendente levaria ao infinito. Assim, graças à compra convenientemente titulada, transformei-me no *verdadeiro*, e não apenas *putativo*, proprietário do cavalo.

Mas contra isto levantam-se os seguintes princípios jurídicos: toda a aquisição feita a quem não é proprietário da coisa (*a non domino*) é nula e inválida. Do *seu* de outrem só posso receber o que ele próprio legalmente possuiu. Embora, no tocante à forma da aquisição (*modus acquirendi*), eu proceda de modo inteiramente legal ao comprar um cavalo roubado que está à venda no mercado, falta, todavia, o título de aquisição, pois o cavalo não era o *seu* do próprio vendedor. Conquanto seja um possuidor *seu de boa fé* (*possessor bonae fidei*), sou, apesar de tudo, só um proprietário aparente (*dominus putativus*), e o verdadeiro proprietário tem um direito de *reivindicação* (*rem suam vindicandi*).

Se se inquirir o que, (no Estado de Natureza) entre os homens, segundo princípios de justiça, é *em si* de direito no comércio recíproco dos mesmos (*iustitia commutativa*) para a aquisição de coisas externas, então é forçoso admitir que quem tiver este propósito deverá ainda necessariamente investigar se a coisa que pretende adquirir não pertencerá já a outro; isto é, embora tenha observado exatamente as condições formais da transferência da coisa do *seu* de outro (o cavalo devidamente comprado no mercado), conseguiu, quando muito, adquirir um *direito pessoal* a uma coisa (*ius ad rem*), enquanto desconhecer ainda se o verdadeiro proprietário não será outro (diferente do vendedor); pelo que, se deparo com alguém que consiga documentar a sua propriedade anterior, nada mais resta ao pretenso novo proprietário do que ter desfrutado legalmente, até esse momento, dos benefícios que dela tirou até agora como possuidor de boa-fé. — Ora, visto que na série de proprietários aparentes, que recebem uns dos outros o seu direito, é impossível, por vezes, averiguar qual é o absolutamente primeiro (proprietário originário), nenhuma troca de coisas externas pode garantir uma aquisição segura, por muito que se possa ajustar às condições formais desta classe de justiça (*iustitia commutativa*).

* * *

De novo se apresenta aqui, pois, a razão juridicamente legisladora, com o princípio da *justiça distributiva*; consiste ele em tomar como regra a legitimidade da posse, não como em si seria julgada em relação à vontade privada de cada um (no Estado de Natureza), mas só como seria julgada perante uma *corte de justiça*, num estado originado pela vontade geral unida (num Estado Civil): neste estado, a coincidência com as condições formais da aquisição, que em si fundamentam apenas um direito pessoal, postula-se como suficiente para suprir as razões materiais (em que assenta a transferência do *seu* de um anterior pretenso proprietário), e um direito pessoal em si, levado perante uma *corte de justiça*, vale como direito real, por exemplo, que o cavalo, que para todos está à venda no mercado público, regulado pela lei policial, se torna propriedade minha, se se observarem escrupulosamente todas as regras da compra e venda (porém, de tal modo que ao verdadeiro proprietário lhe resta o direito de impugnar o vendedor, por causa da sua antiga posse não perdida); e o que noutro caso seria um direito pessoal meu transforma-se num direito real, segundo o qual posso tomar (reivindicar) o *meu*, onde o encontrar, sem me preocupar com o modo como o vendedor o adquiriu.

Portanto, só em vista da sentença jurídica perante uma corte de justiça (*in favorem iustitiae distributivae*) se pode *julgar* o direito a uma coisa, não *como é em si* (enquanto direito pessoal), mas *do modo mais simples e seguro* (enquanto direito real), considerando-o e tratando-o segundo um princípio puro *a priori*. — Neste se fundam, em seguida, diversas leis estatutárias (prescrições), que visam sobretudo estabelecer de tal modo as condições, sob as quais unicamente deve ter validade jurídica uma forma de aquisição, que o juiz possa, do modo mais simples e sem vacilações, adjudicar o *seu* a cada um; por exemplo, no princípio «a compra interrompe o arrendamento», onde se trata de saber a que princípios terá de recorrer um tribunal no Estado Civil para, nas suas sentenças, proceder do modo mais seguro, em virtude do direito que cabe a cada qual, o que é um direito real (o arrendamento) segundo a natureza do contrato, isto é, em si, vale como um simples direito pessoal, e vice-versa, como no caso supra citado. O que em si é um simples direito pessoal vale como um direito real.

D

§ 40

A aquisição da garantia por prestação de juramento (cautio iuratoria)

A única razão que se pode aduzir para obrigar juridicamente os homens a *crer* e a confessar que há deuses é a seguinte: que assim podem prestar juramento e ser obrigados a ser verazes nas suas declarações e fiéis nas suas promessas, por medo a um poder supremo, omnisciente, cuja vingança incitariam solenemente contra si, no caso de a sua declaração ser falsa. Que deste modo se não contava com a moralidade de ambas as partes, mas unicamente com uma cega superstição sua, vê-se claramente pelo facto de que, embora o dever de veracidade se afigure a todos tão evidente, quando se trata do que de mais sagrado pode haver entre os homens (o direito dos homens), nas questões jurídicas não se espera garantia alguma da sua *simples* declaração *solene* perante o tribunal, e, por isso, o móbil constituem-no meras lendas: como, por exemplo, entre os Rejangs, um povo pagão de Samarra, que, segundo o testemunho de Marsden, juram pelos ossos dos seus parentes mortos, embora não acreditem que haja vida após a morte; ou o juramento dos Negros da Guiné pelo seu feitiço, uma pena de pássaro, à qual se atrevem a pedir que lhes quebre a nuca, etc..

Creem que um poder invisível, dotado ou não de entendimento, dispõe, já por sua natureza, deste poder mágico, que se põe em ação mediante semelhante apelo. — Esta crença, cujo nome é «religião», mas, em rigor, se deveria chamar «superstição», é imprescindível para administrar a justiça porque, sem contar com ela, o *tribunal* não estaria suficientemente capacitado para descobrir factos escondidos e administrar justiça. Uma lei que a tal obrigue existe, portanto, claramente, só como apoio do poder judicial.

Mas pode perguntar-se: em que se baseia a obrigação, que alguém terá em face do julgamento, de aceitar o juramento de outro como um argumento juridicamente válido da verdade da asserção, que põe fim ao litígio? Ou seja, o que é que me obriga juridicamente a acreditar que outrem (quem presta juramento) professa uma religião, para arriscar o meu direito ao seu juramento? E também ao invés: posso em geral estar obrigado a jurar? Ambas as coisas são em si injustas.

Mas em relação a um tribunal, portanto, no Estado Civil, quando se admite que, em certos casos, não há outro meio para chegar à verdade a não ser o juramento, é preciso supor que toda a gente professa uma religião para a utilizar como meio compulsivo (*in casu necessitatis*) do procedimento jurídico perante um *tribunal*, o qual considera esta coação espiritual (*tortura spiritualis*) como um meio mais expeditivo e o mais adequado à tendência supersticiosa dos homens de descobrir o oculto e, portanto, considera justificado o seu emprego. — Mas, no fundo, o poder legislativo, ao outorgar esta competência ao judicial, atua injustamente, porque, inclusive no Estado Civil, a coação a prestar juramento é contrária à liberdade humana, que se não pode perder.

Se os juramentos respetivos a um cargo, que habitualmente são *promissórios*, isto é, promete-se que se tem o sério *propósito* de desempenhar devidamente o cargo, se convertessem em *assertóricos*, isto é, que o funcionário, por exemplo, no fim de um ano (ou mais), estivesse obrigado a jurar fidelidade na sua gestão durante esse tempo; isso, em parte, comoveria mais a consciência do que o juramento de promessa. Este permite sempre o subterfúgio interno de que, com a melhor das intenções, se não puderam prever as dificuldades (só mais tarde sentidas) durante o exercício do cargo; e as infrações ao dever, se estivessem à vista na sua totalidade, graças a um supervisor, suscitariam uma maior preocupação com a censura do que se fossem apenas denunciadas, uma após a outra (esquecendo-se assim as precedentes). — Mas, quanto ao juramento de *fé* (*de crudelitate*), ele não pode de modo algum ser exigido por um tribunal. Em primeiro lugar, contém em si mesmo uma contradição: essa coisa intermédia entre opinar e saber, porque é algo pelo qual se pode *apostar*, de modo algum pode incitar a jurar por ela. Em segundo lugar, o juiz que exigisse semelhante juramento de fé a uma parte, para averiguar algo relacionado com o seu propósito, mesmo na hipótese de que se tratasse do bem comum, incorre numa ofensa grave à consciência de quem presta juramento, quer pela frivolidade a que o induz e pela qual o juiz faz fracassar o seu próprio intento, quer pelos remorsos que sentirá um homem que hoje pode achar uma coisa, de um certo ponto de vista, como muito provável, mas amanhã, noutra perspetiva, a pode divisar como de todo improvável. Portanto, o juiz lesa aquele a quem obriga a prestar tal juramento.

Transição do *meu* e do *teu*, no Estado de Natureza, para o *meu* e o *teu* no Estado Jurídico

§ 41

O Estado Jurídico é a relação dos homens entre si, que contém as condições sobre as quais tão só cada um pode *participar* do seu direito; e o princípio formal da sua possibilidade, considerado segundo a ideia de uma vontade universalmente legisladora, é a justiça pública, a qual, em relação à possibilidade, realidade ou necessidade da posse de objetos (como matéria do arbítrio) segundo leis, se pode dividir em *justiça protetora (iustitia tutatrix)*, *comutativa* (*iustitia commutativa*) e *distributiva* (*iustiitia distributiva*). — A lei enuncia aqui, *primeiro,* apenas qual o comportamento que, internamente, é *justo* segundo a forma (*lex iusti*); *segundo,* aquilo que, quanto à matéria, também exteriormente é legalizável, ou seja, aquilo cujo estado de posse é *jurídico* (*lex iuridica*); *terceiro,* aquilo que é *de direito* (*lex iustitiae*), e a partir do qual a sentença de um tribunal num caso particular, sob a lei dada, é a ele adequada; pelo que se denomina também este tribunal a *justiça* de um país, e se pode levantar a questão sobre se existe, ou não, uma justiça semelhante como a mais importante das questões jurídicas.

O estado não jurídico, isto é, aquele em que não há justiça distributiva, é o Estado Natural (*status naturalis*). A ele não se contrapõe o Estado *Social* (como pensa Achenwall), que se poderia chamar um estado artificial (*status artificialis*), mas o Estado *Civil* (*status civilis*) de uma sociedade submetida à justiça distributiva; de facto, no Estado de Natureza também pode haver sociedades legítimas (por exemplo, a conjugal, a familiar, a doméstica em geral e outras), para as quais nenhuma lei indica *a priori*: «deves entrar neste estado», ao passo que do Estado Jurídico se pode dizer que todos os homens, capazes de poder contrair entre si relações jurídicas (inclusive involuntariamente), nele devem ingressar.

Podemos chamar ao primeiro e ao segundo estado o de *direito privado*; ao terceiro e ao último, em contrapartida, o estado de *direito público.* Este não contém mais, ou outros, deveres dos homens entre si, além dos que importa pensar no direito privado; a matéria do direito privado é, sem dúvida, a mesma em ambos. As leis do último concernem, pois, só à forma jurídica da convivência (constituição), em vista da qual estas leis se hão de conceber necessariamente como públicas.

À própria *união civil* (*unio civilis*) não se pode adequadamente dar o nome de *sociedade*; pois, entre o *soberano* (*imperans*) e o *súbdito* (*subditus*) não existe qualquer relação de sócios; não são companheiros, mas estão reciprocamente *subordinados*, não *coordenados*, e os que entre si se coordenam considerar-se-ão justamente por isso como iguais, na medida em que se encontram submetidos a leis comuns. Portanto, aquela união não é uma sociedade, antes a *suscita*.

§ 42

Do direito privado no Estado de Natureza deriva, então, o postulado do direito público: numa situação de coexistência inevitável com todos os outros, deves passar desse estado a um Estado Jurídico, isto é, a um estado de justiça distributiva. — O fundamento para tal pode extrair-se analiticamente do conceito de *direito* na relação externa, por oposição à *violência* (*violentia*).

Ninguém está obrigado a abster-se de atentar contra a posse de outro, se este, simetricamente, lhe não der também a garantia de que com ele observará a mesma atitude de abstenção. Não lhe é, pois, permitido esperar até que seja instruído, porventura mediante uma triste experiência, acerca da adversa disposição anímica do último; de facto, o que é que o obrigará a tornar-se sagaz, sobretudo graças ao dano, se ele já em si mesmo consegue perceber suficientemente a inclinação dos homens em geral para se tornarem senhores dos outros (para não respeitarem a superioridade do direito dos outros, quando a estes se sentem superiores em poder ou astúcia), sem ser preciso esperar a hostilidade efetiva? Está autorizado a forçar quem, já por sua natureza, assim o ameaça. (*Quilibet praesumitur malus, donec securitatem dederit oppositi.*)

No intento de estarem e permanecerem neste estado de liberdade exterior sem lei, os homens não cometem entre si qualquer injustiça, se mutuamente se guerrearem; pois, o que para um vale, também reciprocamente vale para o outro, como que num convénio (*uti partes de iure suo disponunt, ita ius est*); mas, em geral, são injustos em sumo grau(7), na sua vontade de estar e permanecer numa situação que não é jurídica, isto é, num estado em que ninguém tem a garantia do *seu*, frente à violência.

---

(7) A diferença entre o que é injusto só *formaliter* e o que é injusto também *materialiter* tem um uso múltiplo na doutrina do direito. O inimigo que, em vez de cumprir lealmente as condições da sua capitulação com a ocupação de uma fortaleza sitiada, degrada esta durante a evacuação, ou rompe, aliás, o contrato, não se pode queixar de injustiça, se o seu adversário lhe aplicar o mesmo golpe, na altura devida. Mas são em geral sumamente injustos, porque tiram toda a validade ao conceito de direito e votam tudo à força bruta — por assim dizer, legalmente —, destruindo, por isso, o direito dos homens.

DOUTRINA DO DIREITO

PARTE II

O DIREITO PÚBLICO

Secção Primeira

O DIREITO POLÍTICO

§ 43

O conjunto das leis que carecem de uma promulgação universal para suscitar um Estado Jurídico é o *direito público*. — Este é, portanto, um sistema de leis para um povo, ou seja, para um conjunto de homens, ou para um conjunto de povos, que, encontrando-se entre si numa relação de influência mútua, necessitam de um Estado Jurídico que os unifique sob uma vontade, sob uma *constituição* (*constitutio*), para compartir o que é de direito. — Este estado dos indivíduos num povo, em relação recíproca, é o Estado *Civil* (*status civilis*), e o conjunto dos mesmos, em relação aos seus próprios membros, é o *Estado* (*civitas*) que, graças à sua forma, se denomina *comunidade* (*res publica latius sic dicta*), porquanto está unido pelo comum interesse de todos se encontrarem no Estado Jurídico; mas, em relação a outros povos, chama-se simplesmente *potência* (*potentia*) (daí, a palavra *potentado*). Em virtude da sua (presumida) união herdada, denomina-se também uma nação (*gens*) e, por isso, sob o conceito geral de direito público não se pensa apenas no direito político, mas ainda num *direito das gentes* (*ius gentium*); um e outro em conjunto, porque a Terra não é ilimitada, mas sim uma superfície por si mesma limitada, levam inevitavelmente à ideia de um *direito político das gentes* (*ius gentium*), ou *direito cosmopolita* (*ius cosmopoliticum*); pelo que, se a uma destas três formas do Estado Jurídico faltar o princípio que restringe a liberdade externa mediante leis, o edifício das restantes fica inevitavelmente minado e acaba por se derrubar.

§ 44

Não foi pela experiência que aprendemos a máxima da violência e da maldade dos homens de entre si fazerem a guerra antes de aparecer uma legislação exterior poderosa; portanto, não é um *factum* que torna necessária a coação legal pública. Mas, por bons e amantes do direito que eles se queiram pensar, está já implícito *a priori* na ideia racional de semelhante estado (não jurídico) que, antes da instituição de um Estado Legal público, os homens, os povos e os estados isolados nunca podem estar seguros uns dos outros em face da violência e fazer cada um *o que tem por justo e bom,* a partir do seu próprio direito, sem para tal dependerem da opinião do outro. Logo, a primeira coisa que o homem está obrigado a decidir, se não quiser renunciar a todos os conceitos jurídicos, é o princípio: é necessário sair do Estado da Natureza em que cada um age conforme o seu desejo, e associar-se a todos os outros (com os quais não pode evitar entrar em interação) para se submeter a uma coerção externa publicamente legal, portanto, entrar num estado em que a cada um se determina *legalmente* e se atribui, mediante um *poder* suficiente (que não é o *seu*, mas exterior), o que deve ser reconhecido como o *seu*; ou seja, deve, antes de tudo, entrar num Estado Civil.

Sem dúvida, nem por isso o Estado da Natureza devia ser um estado de *injustiça* (*iniustus*) em que os homens se confrontassem mutuamente só pela medida da sua violência; mas era, apesar de tudo, um estado *sem direito* (*status iustitia vacuus*) em que, quando o direito era *controvertido* (*ius controversum*), não se encontrava nenhum juiz competente para ditar uma sentença com força legal, pela qual cada um pudesse incitar todos os outros pela violência a entrar num Estado Jurídico; pois, embora, segundo os seus *conceitos jurídicos*, se possa adquirir algo exterior por ocupação ou por contrato, esta aquisição é, todavia, só *provisória*, enquanto não tiver por si a sanção de uma lei pública, porque não está determinada por uma justiça (distributiva) pública nem assegurada por nenhum poder que exerça este direito.

Se alguém, antes de ingressar no Estado Civil, não quisesse reconhecer nenhuma aquisição como legal, nem sequer provisoriamente, então até aquele estado seria impossível. Com efeito, quanto à forma, as leis sobre o *meu* e o *teu* no Estado da Natureza contêm justamente o mesmo que elas prescrevem no Estado Civil, na medida em que este se pensa só segundo conceitos puros da razão; só que no último se oferecem as condições sob as quais aquelas se conseguem realizar (de harmonia com a justiça distributiva). — Por conseguinte, se no Estado de Natureza também não houvesse *provisoriamente* um *meu* e um *teu* exteriores, não haveria igualmente deveres jurídicos a tal respeito; logo, também não haveria mandamento algum para sair desse estado.

§ 45

Um Estado (*civitas*) é a união de um conjunto de homens sob leis jurídicas. Enquanto estas, como leis *a priori*, são necessárias (não estatutárias), isto é, enquanto derivam por si mesmas dos conceitos do direito externo em geral, a sua forma é a de um Estado em geral, isto é, o Estado *na ideia*, tal como deve ser segundo os princípios jurídicos puros, e que serve de norma (*norma*) a toda a unificação efetiva em vista de uma comunidade (portanto, no interior).

Cada Estado contém em si três *poderes*, ou seja, a vontade geral unida numa tríplice pessoa (*trias politica*): o *poder soberano* (a soberania) na pessoa do legislador, o *poder executivo* na pessoa do governante (segundo a lei) e o *poder judicial* (como reconhecimento do seu de cada um, segundo a lei) na pessoa do juiz (*potestas legislatoria, rectoria et iudiciaria*), à maneira das três proposições de um raciocínio prático: a maior, que contém a *lei* daquela vontade, a menor, que contém o *mandamento* de proceder de acordo com a lei, isto é, o princípio de subsunção na mesma, e a conclusão, que contém a *decisão judicial* (a sentença), o que é de direito em cada caso.

§ 46

O poder legislativo só pode caber à vontade conjunta do povo. De facto, visto que dele deve dimanar todo o direito, não poderá, mediante a sua lei, atuar injustamente com ninguém. Pois, se alguém decreta algo em relação a *outrem*, é sempre possível que assim cometa contra ele uma injustiça, mas nunca naquilo que sobre si mesmo decide (com efeito, *volenti non fit iniuria*). Assim, na medida em que decidem o mesmo, cada um sobre todos e todos sobre cada um, só a vontade popular universalmente unida pode ser legisladora.

Os membros de semelhante sociedade (*societas civilis*) — isto é, de um Estado —, unidos em vista da legislação, chamam-se *cidadãos* (*cives*), e os seus atributos jurídicos, inseparáveis da sua essência (como tal), são os seguintes: a *liberdade* legal de não obedecer a nenhuma outra lei exceto àquela a que se deu o seu consentimento; a *igualdade* civil, ou seja, não reconhecer nenhum superior no povo, exceto aquele que tem a capacidade moral de obrigar juridicamente, do mesmo modo que este o pode obrigar a ele; em terceiro lugar, o atributo da *independência* civil, a saber, não agradecer a própria existência e conservação ao arbítrio de outrem no povo, mas aos seus próprios direitos e faculdades, enquanto membro da comunidade, por conseguinte, a personalidade civil, que consiste em não poder ser representado por nenhum outro nos assuntos jurídicos.

Só a capacidade de votar qualifica o cidadão; mas ela pressupõe a independência daquele que, no povo, não quer ser apenas parte da comunidade, mas também seu membro, ou seja, quer ser uma parte da comunidade que atua pelo seu próprio arbítrio juntamente com outros. Mas a última qualidade torna necessária a distinção entre cidadão *ativo* e *passivo,* embora o conceito deste último pareça estar em contradição com a definição do conceito de cidadão em geral. — Os seguintes exemplos podem servir para resolver esta dificuldade: o moço que trabalha ao serviço de um comerciante ou um artesão; o criado (não o que está ao serviço do Estado); o menor (*naturaliter vel civiliter*); todas as mulheres e, em geral, quem quer que não possa conservar a sua existência (o seu sustento e proteção) pela sua própria atividade, mas se vê forçado a pôr-se às ordens de outros (exceto às do Estado), carecem de personalidade civil e a sua existência é, por assim dizer, só de inerência. — O lenhador que eu emprego na minha propriedade rural, o ferreiro na Índia, que vai pelas casas com o seu martelo, a sua bigorna e o seu fole para nelas trabalhar o ferro, em comparação com o carpinteiro europeu ou o ferreiro, que podem pôr publicamente à venda os produtos de seu trabalho como mercadorias; o preceptor em comparação com o mestre-escola; o censitário em comparação com o arrendador, etc., são unicamente peões da comunidade, porque têm de ser mandados ou protegidos por outros indivíduos, portanto, não possuem independência civil.

Todavia, esta dependência relativamente à vontade de outros e esta desigualdade não se opõem de modo algum à sua liberdade e igualdade *como homens,* que juntos constituem um povo; antes, só atendendo às suas condições, pode este povo tornar-se um Estado e entrar numa constituição civil. Mas, nesta constituição, nem todos estão qualificados com igual direito para votar, isto é, para ser cidadãos, e não simples associados políticos. Pois, do facto de poderem exigir ser tratados por todos os outros como *partes passivas* do Estado, segundo as leis da liberdade natural e da igualdade, não se infere o direito de, como membros ativos, atuarem relativamente ao próprio Estado, organizá-lo ou colaborar na introdução de certas leis; apenas se deduz que, seja qual for o tipo de leis positivas que eles votem, não deverão ser contrárias às leis naturais da liberdade e da igualdade — a ela adequada — de todos no povo, a saber, poder abrir caminho do estado passivo para o ativo.

§ 47

Aqueles três poderes do Estado são dignidades e, por dimanarem necessariamente — enquanto essenciais — da ideia de um Estado em geral em vista da sua fundação (constituição), são *dignidades estatais*. Incluem a relação de um *soberano* universal (que, de harmonia com as leis da liberdade, não pode ser nenhum outro exceto o próprio povo unido) com o conjunto de indivíduos do povo enquanto *súbdito*, isto é, a relação de *quem manda* (*imperans*) a *quem obedece* (*subditus*). — O ato pelo qual o próprio povo se constitui como Estado — em rigor só a ideia deste, que é a única pela qual se pode pensar a sua legalidade — é o *contrato originário*, segundo o qual todos (*omnes et singuli*) no povo renunciam à sua liberdade exterior para, em seguida, a recuperar como membros de uma comunidade, isto é, como membros do povo considerado como Estado (*universi*); e não se pode dizer que o Estado, o homem no Estado, tenha sacrificado a um fim uma parte da sua liberdade exterior inata, mas abandonou por completo a sua liberdade selvagem e sem lei, para de novo encontrar a sua liberdade em geral, íntegra, na dependência legal, a saber, num Estado Jurídico; porque esta dependência brota da sua própria vontade legisladora.

§ 48

Os três poderes do Estado estão, pois, *em primeiro lugar*, coordenados entre si como outras tantas pessoas morais (*potestates coordinatae*), isto é, uma pessoa complementa as outras em vista da *integridade* (*complementum ad sufficientiam*) da constituição política; mas, *em segundo lugar*, estão também *subordinadas* (*subordinatae*), de tal modo que uma não pode, ao mesmo tempo, usurpar a função das outras a que presta apoio, mas tem o seu próprio princípio; ou seja, manda na qualidade de uma pessoa particular, mas sob a condição da vontade de um superior; *em terceiro lugar*, pela união de ambas outorga-se a cada súbdito o seu direito.

Destes três poderes, considerados na sua dignidade, dir-se-á o seguinte: a vontade do *legislador* (*legislatoris*), no tocante ao *meu* e ao *teu* exterior, é *irrepreensível* (*irreprensible*), a faculdade executiva do *chefe supremo* (*sumi rectoris*) é *incontestável* (*irresistible*), e a sentença do *juiz supremo* (*supremi iudicis*) é *irrevogável* (inapelável).

§ 49

O *governante* do Estado (*rex, princeps*) é a pessoa (moral ou física) a que incumbe o poder executivo (*potestas executoria*): o *agente* do Estado, que nomeia os magistrados, prescreve ao povo as regras pelas quais cada um pode nele adquirir algo ou conservar legalmente o *seu* (por subsunção de um caso na lei). Considerado como pessoa moral, chama-se *diretório*, governo. As ordens que dá ao povo, aos magistrados e aos seus superiores (ministros), a quem cabe administrar o Estado (*gubernatio*), são disposições, *decretos* (não leis); pois referem-se à decisão num caso particular e são modificáveis. Um *governo* que fosse ao mesmo tempo legislador teria de se denominar *despótico*, por contraposição a patriótico; por governo patriótico não se deve entender *o paternal* (*regimen paternale*), o mais despótico de todos (trata os cidadãos como crianças), mas um governo *nacional* (*regimen civitatis et patriae*), em que o próprio Estado (*civitas*) trata os seus súbditos, por assim dizer, como membros de uma família, mas ao mesmo tempo como cidadãos, isto é, segundo as leis da sua própria independência, de modo que cada um se possua a si mesmo e não dependa da vontade absoluta de outrem, que está a seu lado ou acima dele.

O soberano do povo (o legislador) não pode, pois, ser ao mesmo tempo o *governante*, pois este está sob a lei e obrigado por ela, logo, por *outro*, a sujeitar-se ao soberano. Este pode àquele deixar o seu poder, depô-lo ou reformar a sua administração, mas não castigá-lo (tal é o significado da expressão habitual na Inglaterra: o rei, isto é, o supremo poder executivo, não pode agir injustamente); porque esse seria ao mesmo tempo um ato do poder executivo, ao qual compete, segundo a lei, sobretudo, a faculdade de coagir, e ele próprio estaria então submetido a uma coerção — o que é contraditório.

Por último, nem o soberano do Estado nem o governante podem *julgar*, mas somente investir juízes como magistrados. O povo julga-se a si mesmo mediante aqueles dos seus concidadãos que, por livre eleição, são nomeados como representantes seus, ou seja, para cada ato em particular. De facto, a decisão judicial (a sentença) é um ato singular da justiça pública (*iustitiae distribitivae*), referido ao súbdito e realizado por um administrador estatal (juiz ou tribunal), isto é, por alguém que pertence ao povo e, portanto, não está investido do poder de lhe atribuir (lhe conceder) o *seu*. Visto que cada um no povo é meramente passivo segundo esta relação (com a autoridade), qualquer dos dois poderes, ao decidir num caso de conflito sobre o *seu* de cada qual, poderia cometer uma injustiça para com o súbdito; porque o próprio povo não o faria nem se pronunciaria sobre se os seus concidadãos são *culpados* ou *inocentes*. Para indagar este facto, o tribunal deve, pois, aplicar a lei neste pleito e o poder judicial concederá a cada um o *seu*, mediante o poder executivo. Por conseguinte, só o povo — embora apenas de modo mediato — pode julgar alguém no seu seio por meio dos seus representantes, delegados por ele mesmo (os jurados). — Seria também indigno do chefe do Estado fazer de juiz, isto é, pôr-se na possível situação de agir injustamente, expondo-se assim a uma apelação (*a rege male informato ad regem melius informandum*).

Assim, pois, é graças aos três poderes diferentes (*potestas legislatoria, executoria, indiciaria*) que o Estado (*civitas*) tem a sua autonomia, isto é, se configura e se mantém a si mesmo segundo leis da liberdade. — Na sua união reside a *salvação* do Estado (*salus reipublicae suprema lex est*); por ela não se entenderá nem o bem-estar dos cidadãos nem a sua *felicidade*; pois esta pode, provavelmente, conseguir-se de forma muito mais cómoda e desejável (como também afirma Rousseau) no Estado de Natureza ou ainda sob um governo despótico; mas entende-se o estado da máxima concordância entre a constituição e os princípios jurídicos, ao qual a razão nos obriga a aspirar *mediante* um *imperativo categórico*.

Observação geral

Efeitos jurídicos derivados da natureza da união civil

A

A origem do poder supremo é na prática *imperscrutável* para o povo a ele submetido: isto é, o súbdito *não deve* arrazoar ativamente sobre esta origem, como que sobre um direito duvidoso quanto à obediência que lhe deve (*ius controversum*). De facto, visto que o povo, para julgar legalmente sobre o poder supremo do Estado (*summum imperium*), deve ser considerado já como unido por uma vontade universalmente legisladora, não pode nem deve julgar exceto como quer o atual chefe do Estado (*summus imperans*). — Se, originariamente, ocorreu primeiro, à guisa de *factum*, um contrato efetivo de submissão ao chefe do Estado (*pactum subiectionis civilis*), ou se a violência apareceu antes e só depois veio a lei, ou se teve de se seguir nesta ordem — são subtilezas de todo vãs para o povo que já está submetido à lei civil, e que, todavia, ameaçam perigosamente o Estado; pois, se um súbdito que houvesse meditado sobre a origem remota do Estado pretendesse resistir à autoridade agora reinante, seria castigado, aniquilado ou desterrado (como proscrito, *exlex*), segundo as leis de tal autoridade, isto é, com todo o direito. — Uma lei, em si tão sagrada (inviolável) que, no *plano prático*, é já um crime a simples dúvida a seu respeito, portanto, a suspensão momentânea do seu efeito, representa-se como se não tivesse que dimanar de homens, mas de algum legislador supremo e irrepreensível, e tal é o significado da proposição «toda a autoridade vem de Deus», que não enuncia um *fundamento histórico* da constituição civil, mas uma ideia como princípio prático da razão: o dever de obedecer ao poder legislativo agora existente, seja qual for a sua origem.

Daí se segue, pois, o princípio: o soberano num Estado tem, perante o súbdito, só direitos e nenhum dever (constritivo).

— Além disso, se o órgão do soberano, o *governante*, infringisse também as leis, por exemplo, procedesse contra a lei da igualdade na distribuição dos cargos públicos, no tocante aos impostos, recrutamentos, etc., é lícita ao súbdito a queixa (*gravamina*) por esta injustiça, mas não opor resistência.

Na constituição, também não pode haver nenhum artigo que permita a um poder no Estado opor resistência ao chefe supremo, portanto, limitá-lo, no caso de violação das leis constitucionais. Pois, quem deve restringir o poder estatal há de ter, decerto, mais poder, ou pelo menos o mesmo, que aquele cujo poder é restringido; e como soberano legítimo, que ordena aos seus súbditos resistir, deve também poder *defendê-los* e julgá-los legalmente em cada caso e, portanto, poder ordenar publicamente a resistência. Mas, então, o chefe supremo não é aquele, antes este — o que é contraditório. O soberano atua então, através do seu ministro, ao mesmo tempo como governante, portanto, despoticamente, e o engano de permitir que o povo represente, por meio dos seus deputados, o poder restritivo (já que, em rigor, só tem o legislativo) não consegue ocultar o despotismo de tal modo que ele não assome nos meios de que se serve o ministro. O povo, representado pelos seus deputados (no Parlamento), tem nestes garantes da sua liberdade e dos seus direitos, gente vivamente interessada por si mesma, pelas suas famílias e pela sua colocação — que depende do ministro — no Exército, na Marinha ou nos cargos civis; esta gente (em vez da resistência frente à arrogância do governo, resistência cujo anúncio público requer uma unanimidade já preparada no povo, mas que se não pode tolerar em tempos de paz) está sempre muito mais disposta a fazer o jogo do governo. — Por isso, a chamada «constituição estatal moderada», como constituição do direito interno do Estado, é um absurdo e, em vez de estar integrada no direito, é apenas um princípio de prudência, não para dificultar, tanto quanto possível, ao poderoso transgressor dos direitos do povo a sua influência arbitrária sobre o governo, mas para a encobrir sob a aparência de uma oposição permitida ao povo.

Contra a suprema autoridade legisladora do Estado não há, portanto, resistência legítima do povo; pois, só pela submissão à sua vontade universalmente legisladora é possível um Estado Jurídico; logo, não existe nenhum direito de *sedição (seditio)*, menos ainda de *rebelião* (*rebellio*), e muito menos o direito de atentar contra a sua pessoa, inclusive contra a sua vida (*monarchomachismus sub specie tyrannicidii*), enquanto pessoa individual (monarca), sob pretexto do abuso de poder (*tyrannis*). O menor intento neste sentido é um crime de *alta traição* (*proditio eminens*) e o traidor deste tipo só poderá ser castigado com a morte, como alguém que tenta *matar a sua pátria* (*parricida*). — A razão por que o povo deve, apesar de tudo, suportar um abuso do poder supremo, inclusive um abuso tido por intolerável, é esta; a sua resistência à própria legislação suprema deve conceber-se como contrária à lei, e até como destruidora da constituição legal na sua totalidade. De facto, a fim de estar capacitado para isso, teria de haver uma lei pública que autorizasse a resistência do povo; isto é, a legislação suprema conteria em si mesma a determinação de não ser a suprema e de converter o povo como súbdito, num só e mesmo juízo, em soberano daquele a que está submetido — o que é contraditório. Semelhante contradição manifesta-se de imediato na pergunta: quem é que, então, deveria ser juiz no conflito entre o povo e o soberano? (Pois, de um ponto de vista jurídico, são sempre duas pessoas morais diferentes); torna-se assim patente que o primeiro quer ser juiz em causa própria([8]).

([8]) Visto que o *destronamento* de um monarca se pode conceber ou como abdicação *voluntária* da coroa e como renúncia ao poder, restituindo-o ao povo, ou como um abandono do poder, sem que se atente contra a pessoa suprema, que assim ficaria reduzida ao estado de pessoa privada, o crime do povo, que o forçou, pode ainda alegar o pretexto do *direito de necessidade*, mas nunca o mínimo direito a castigar o chefe supremo pela gestão anterior; porque importa considerar tudo o que anteriormente fez na qualidade de chefe supremo como realizado exteriormente de acordo com a lei e pensar que ele próprio, enquanto fonte das leis, não pode agir injustamente. Entre todas as atrocidades implicadas por um golpe de Estado por insurreição, o *assassinato* do monarca não é ainda o que há de mais grave; pode, de facto, pensar-se que o povo o faz por *medo* de que, se o monarca sobreviver, consiga de novo recompor-se e fazer-lhe sentir o castigo merecido; pelo que se não trataria de uma disposição da justiça penal, mas apenas da autoconservação. A *execução* formal é o que a alma, imbuída das ideias do direito humano,

---

apreende com um terror que repetidamente se sente, logo e todas as vezes que se imagina esta cena, por exemplo o destino de Carlos I ou de Luís XVI. Como explicar, porém, este sentimento, que aqui não é estético (uma compaixão, efeito de imaginação, que se põe no lugar de quem sofre), mas moral, o sentimento da total inversão de todos os conceitos jurídicos? Olha-se como um crime que permanece eternamente e nunca se pode expiar (*crimen immortale, inexpiabile*) e, segundo parece, assemelha-se ao que os teólogos chamam o pecado que se não pode perdoar nem neste mundo nem no outro. A explicação deste fenómeno do ânimo humano parece brotar das reflexões sobre si mesmo, que inclusive iluminam os princípios do direito político.

Qualquer transgressão da lei se pode, e deve, explicar do seguinte modo, e não de outro: brota de uma máxima do delinquente (tomar para si como regra semelhante crime); pois, se derivasse de um impulso sensível, não teria sido perpetrada por ele enquanto ser *livre* e não lhe poderia ser imputada; mas é de todo impossível explicar como é que o sujeito pode adotar semelhante máxima contra a clara proibição da razão legisladora; de facto, só os acontecimentos que ocorrem segundo o mecanismo da natureza são suscetíveis de explicação. Ora, o criminoso pode cometer o seu crime, ou de acordo com a máxima de uma suposta regra objetiva (como universalmente válida), ou só como uma exceção à regra (dispensar-se dela de vez em quando); no *último* caso, *apenas se desvia* da lei (embora de modo deliberado). Pode, ao mesmo tempo, detestar a sua própria transgressão e, sem renunciar formalmente à lei, pretender apenas a ela subtrair-se; no *primeiro* caso, porém, recusa a autoridade da própria lei, cuja validade não pode, todavia, negar perante a sua razão, e toma para si como regra agir contra a lei; portanto, a sua máxima não se opõe à lei só por *defeito* (*negative*), mas *até por dano* (*contrarie*) ou, como se diz, *diametraliter*, como contradição (por assim dizer, de modo hostil). Tanto quanto conseguimos compreender, é impossível que os homens cometam semelhante crime de maldade formal (de todo inútil) e, no entanto, não se pode omitir no sistema da moral (embora seja a simples ideia do extremamente mau). A razão do que de terrível existe na ideia da execução formal de um monarca *pelo seu povo* é, pois, esta: o *assassinato* deve conceber-se só como uma *exceção* à regra, que ele erigiu para si mesmo em máxima, mas a execução deve pensar-se como uma total *inversão* dos princípios da relação entre o soberano e o povo (este, que tem de agradecer a sua existência unicamente à legislação do primeiro, transforma-se em seu soberano) e, por isso, a violência, com a fronte bem alta e segundo princípios, se eleva acima do direito mais sagrado — o que, qual abismo que tudo devora sem retorno, qual suicídio nele cometido pelo Estado, parece ser um delito sem expiação possível. Há, pois, razões para admitir que a aprovação de tais execuções não

Portanto, uma mudança na constituição política (defeituosa), que bem pode, às vezes, ser necessária, só pode ser introduzida pelo próprio soberano através de *reforma*, mas não pelo povo, por conseguinte, não por revolução; e se ocorrer, só pode afetar o *poder executivo*, não o legislativo. — Numa constituição política elaborada de tal modo que o povo, mediante os seus representantes (no Parlamento), possa legalmente opor *resistência* ao poder executivo e ao seu representante (o ministro) — constituição que então se diz restringida — não está, contudo, permitida a resistência ativa (da união arbitrária do povo arbitrariamente unido para forçar o governo a uma determinada ação, portanto, para ele próprio realizar um ato do poder executivo), mas só uma resistência *negativa*, isto é, a *recusa* do povo (no Parlamento) a aceder sempre às exigências cuja satisfação o governo propõe como necessária para a administração estatal; se tal acontecesse, seria antes um sinal seguro de que o povo se corrompe, os seus representantes são venais e o chefe do governo atua despoticamente através do seu ministro, sendo este um traidor do povo.

Quanto ao mais, se uma revolução triunfou e se uma nova constituição se estabelece, a ilegitimidade do começo e da sua realização não pode libertar os súbditos da obrigação de, como bons cidadãos, se submeterem à nova ordem das coisas, não podendo negar-se a obedecer lealmente à autoridade que agora detém o poder. O monarca destronado (que sobrevive à revolução) não pode ser questionado pela sua atuação anterior, e menos ainda ser castigado, se, na condição de cidadão, preferir a sua tranquilidade e a do Estado ao risco de dele se afastar para, como pretendente, persistir na aventura de o recuperar, quer mediante uma contrarrevolução clandestina, quer com o

---

dimana, de facto, de um princípio pretensamente jurídico, mas do receio perante a vingança que o Estado, talvez de novo restabelecido no futuro, venha a exercer sobre o povo; e semelhante formalidade levou-se a cabo unicamente para conferir a esse ato o cariz de castigo, portanto, de um *procedimento jurídico* (nada disso seria um assassinato); mas semelhante pretexto fracassa, porque a arrogância do povo é ainda pior do que o próprio assassinato, já que contém um princípio que tornaria impossível a regeneração de um Estado destruído.

apoio de outras potências. Mas, se optar pela última, visto que a revolta que o privou da sua posse era injusta, continua a ter intacto o seu direito a ela. Ora bem, incumbe ao direito das gentes a questão de decidir se outras potências têm o direito de se unir numa liga de Estados a favor deste chefe infeliz, unicamente com o fim de não deixar impune o delito cometido pelo povo e impedir que ele persista como escândalo para todos os Estados; por conseguinte, se estão legitimados e chamados a pôr no seu lugar, pela violência, a antiga constituição em qualquer Estado, cuja constituição foi estabelecida *mediante a revolução.*

B

Pode o soberano considerar-se como proprietário supremo (do solo) ou só como o que exerce o mandato supremo do povo por meio de leis? Visto que o solo é a condição suprema, a única sob a qual é possível ter coisas exteriores como suas — e cuja possível posse e uso constitui o primeiro direito que se pode adquirir; todo o direito semelhante terá de se derivar do soberano como *senhor do país*, ou melhor, como proprietário supremo (*dominus territorii*). O povo, enquanto conjunto dos súbditos, também lhe pertence (é o seu povo), mas não como proprietário (não segundo o direito real), antes como chefe supremo (segundo o direito pessoal). — Mas esta propriedade suprema é só uma ideia da união civil, para representar segundo conceitos jurídicos a necessária união da propriedade privada de todos no povo sob um possuidor universal público, para determinar a propriedade particular segundo o princípio formal necessário da *divisão* (divisão do solo), e não segundo princípios de *agregação* (que vai empiricamente das partes ao todo). Segundo estes, o proprietário supremo não pode ter nenhum terreno como propriedade privada (porque, de outro modo, se converteria em pessoa privada), mas esta pertence só ao povo (não coletiva, mas distributivamente); disso importa excetuar, porém, os povos nómadas nos quais não existe nenhuma propriedade privada do solo. — Portanto, o chefe supremo não pode ter *domínios*, isto é, terrenos para seu uso privado (para manutenção da corte). Pois então caberia ao seu próprio critério discernir até onde eles se deveriam estender, pelo que o Estado correria o perigo de ver toda a propriedade do solo nas mãos do governo e de olhar todos os súbditos como *servos da gleba* (*glebae adscripti*) e como possuidores do que só é propriedade de outrem; portanto, como privados de toda a liberdade (*servi*). — De um soberano pode dizer-se que nada (como próprio) possui, exceto a si mesmo; de facto, se tivesse algo de *seu* no Estado, ao lado de outrem, seria possível que com ele entrasse em disputa, e não haveria então juiz algum que fizesse de árbitro. Mas também se pode dizer que possui tudo, porque tem o direito de mando sobre o povo (o de adjudicar a cada um o seu), ao qual pertencem todas as coisas exteriores (*divisim*).

Daqui se segue que também não pode haver nenhuma corporação no Estado, nenhuma classe nem ordem que, como proprietário, possa transmitir o solo às gerações seguintes (até ao infinito) para seu exclusivo usufruto, segundo determinados estatutos. O Estado pode abolir em qualquer momento tais estatutos, só com a condição de indemnizar os sobreviventes. A *ordem de cavalaria* (como corporação ou como simples categoria de pessoas individuais especialmente honoríficas), a *ordem da clerezia*, chamada Igreja, nunca pode adquirir uma propriedade do solo transmissível aos sucessores, em virtude dos privilégios de que beneficiam, mas só o uso temporal. As comendas, por um lado, e os bens da Igreja, por outro, podem suprimir-se sem vacilação (todavia, com a condição antes mencionada) quando a opinião pública sobre os meios deixou de estimular a proteger o Estado contra a indolência na sua defesa mediante a *honra guerreira*, ou a proteger os homens no Estado com missas de defuntos, orações e uma multidão de práticas dirigidas a preservá-los do fogo eterno. Os que aqui são afetados pela reforma não se podem queixar de lhes ser arrebatada a sua propriedade; pois, o fundamento da sua posse residia, até agora, só na *opinião popular* e valia enquanto tal opinião perdurasse. Mas, logo que esta se desvanece, mesmo que só no juízo dos que, pelo seu mérito, têm o direito a guiá-la, deveria cessar a pretensa propriedade, por assim dizer mediante um apelo do povo ao Estado (*a rege male informato ad regem melius informandum*).

Nesta propriedade do solo, originariamente adquirida, assenta o direito do chefe supremo, como proprietário supremo (senhor do país), de *cobrar impostos* aos proprietários privados do solo, isto é, de exigir contribuições por taxação territorial, comissões e alfândega ou prestação de serviços (como, por exemplo, o recrutamento da tropa para o serviço militar); pelo que o povo se impõe contribuições a si mesmo, pois este é o único modo de aqui proceder segundo leis jurídicas, quando tal acontece através do corpo dos seus deputados; inclusive, está permitido o empréstimo forçado (que se desvia da lei até então vigente) por direito do soberano, como no caso em que o Estado se encontra em perigo de dissolução.

Aqui se funda também o direito da economia política, das finanças e da polícia, a última das quais se ocupa da *segurança* pública, da *tranquilidade* e do *decoro* [que o sentido do decoro (*sensus decori*), como gosto negativo, se não embote em virtude da mendicidade, do alvoroço nas ruas, do fedor, da voluptuosidade pública (*venus volgivaga*) enquanto ofensas ao sentido moral), facilita muito ao governo a sua tarefa de governar o povo mediante leis].

A conservação do Estado exige ainda um terceiro direito: o direito de *inspeção* (*ius inspectionis*), ou seja, que nenhuma associação, que possa ter influência sobre o bem-estar *público* da sociedade (*publicum*) (de iluminados políticos ou religiosos), permaneça oculta, e que se não recuse a expor a sua constituição, se a polícia o exigir. Mas a revista feita a qualquer domicílio privado é apenas uma emergência da polícia e, para isso, tem de ser legitimada em cada caso particular por uma autoridade superior.

C

Ao chefe supremo incumbe *indiretamente*, isto é, como responsável do dever do povo, o direito de o onerar com impostos para a sua própria conservação (do povo), por exemplo, os impostos no interesse dos *pobres*, os *hospícios* e a *Igreja*, designadas, aliás, como instituições de caridade ou piedosas.

A vontade geral do povo coadunou-se numa sociedade que perpetuamente se há de conservar e se sujeitou ao poder político interno a fim de conservar os membros desta sociedade, incapazes de por si mesmos se manterem. Portanto, graças ao Estado, é lícito ao governo obrigar os poderosos a fornecer os meios de subsistência aos que de tal são incapazes, inclusive no tocante às necessidades mais básicas. Porque na sua existência, enquanto ato de submissão à proteção e à previdência da comunidade, que lhes é necessária para existir, e à qual se obrigaram, é que o Estado funda agora o seu direito de obrigar os poderosos a contribuir com o *seu* para a conservação dos seus concidadãos. Isto pode fazer-se onerando a propriedade dos concidadãos ou o seu comércio, ou mediante fundos estabelecidos e os seus juros; não para satisfazer as necessidades do Estado (que é rico), mas as do povo; não simplesmente por meio de contribuições *voluntárias* (já que aqui se trata do *direito* do Estado relativamente ao povo), algumas das quais são interesseiras (como as lotarias, que produzem mais pobres e mais perigos para a propriedade pública do que se não existissem e que, portanto, não deveriam ser permitidas), mas por meio de contribuições obrigatórias, como encargos públicos. Levanta-se aqui a questão de se o sustento dos pobres se há de organizar mediante contribuições *correntes*, de modo que cada época alimente os seus, ou por meio de *reservas* paulatinamente acumuladas e, em geral, através de instituições piedosas (por exemplo, as casas para viúvas, os hospitais e coisas semelhantes); e, no primeiro caso, há de organizar-se, não por meio da mendicidade, que se aproxima do roubo, mas mediante impostos legais. — A primeira regulação considerar-se-á como a única adequada ao direito do Estado; a ela não se pode subtrair ninguém que tenha com que viver; porque as contribuições ordinárias, quando crescem com o número de pobres, não fazem da pobreza um meio de vida para os preguiçosos (como é de temer nas instituições piedosas) e, deste modo, não são uma sobrecarga *injusta* do povo imposta pelo governo.

Quanto à conservação das crianças expostas por necessidade ou por vergonha ou que, inclusive, morreram por tais razões, o Estado tem o direito de impor ao povo o dever de não deixar perecer conscientemente este aumento não desejado da propriedade estatal. Se isso, porém, pode acontecer graças à tributação dos solteiros de ambos os sexos enquanto tais (entendendo aqui os solteiros *ricos*), que em parte disso responsáveis, e mediante a instituição de hospícios para esse fim, ou de algum outro modo legal (talvez seja difícil haver outro meio de o impedir), é um problema cuja solução não foi encontrada, até agora, sem atentar, ou contra o direito ou contra a moralidade.

Se (enquanto instituição do *culto divino* público para o povo, ao qual também ele, seja opinião ou convicção, vai buscar a sua origem) a Igreja, que se deve distinguir cuidadosamente da religião como disposição anímica interior, de todo exterior à esfera de ação do poder civil, se torna igualmente uma verdadeira necessidade do Estado de se considerar como súbdito de um poder supremo invisível, a que há de prestar homenagem, e que pode, amiúde, entrar em conflito muito desigual com o poder civil, então o Estado não tem o direito de ajustar a Igreja à legislação constitucional interna, segundo a aceção do que se lhe afigura vantajoso, nem de prescrever ou decretar ao povo a fé e as formas de culto (*ritus*) (pois isso deve deixar-se inteiramente nas mãos dos mestres ou chefes que ele próprio elegeu), mas apenas o direito *negativo* de prevenir a influência dos mestres públicos na comunidade política *visível*, quando ela causar dano à tranquilidade pública; portanto, o direito de não permitir que na discórdia interna ou no conflito recíproco entre as diversas Igrejas corra perigo a concórdia civil — o que é, pois, um direito da polícia. São intromissões da autoridade, e *dela indignas*, decidir se uma Igreja deve ter uma determinada fé, e qual há de ser, ou se deverá conservá-la inalterável, sem poder reformar-se a si mesma: porque assim, como numa disputa escolástica, ela se põe em pé de igualdade com os seus súbditos (o monarca transforma-se em sacerdote); e estes podem então dizer-lhe que nada percebe do assunto, sobretudo, no tocante ao último, isto é, à proibição de reformas internas. – De facto, o que o povo inteiro não pode decidir sobre si mesmo também o legislador o não pode decidir sobre o povo. Ora, nenhum povo pode decidir não progredir jamais no seu discernimento (ilustração) da fé, portanto, nunca se reformar no tocante à Igreja: porque tal seria contrário à humanidade na sua própria pessoa, logo, ao seu direito supremo. Assim, pois, nenhum poder público pode decidir sobre o povo algo semelhante. — Ora bem, quanto aos custos de manutenção da Igreja, não podem eles correr a cargo do Estado pela mesma razão, antes se encarregará deles a parte do povo que se declara adepta de uma ou outra fé, isto é, unicamente a comunidade.

D

O direito do chefe supremo do Estado chega também: 1) à distribuição dos *cargos*, enquanto funções ligadas a um salário; 2) à repartição das *dignidades* que, enquanto promoções de categoria sem pagamento, isto é, a atribuição da categoria de superior (para mandar) relativamente aos inferiores (que, embora livres e só obrigados pela lei pública, estão, porém, de antemão destinados a obedecer), se fundam apenas na honra, e; 3) além deste direito (de respeito e benevolência), chega também ao *direito penal*.

No que concerne a um cargo civil, levanta-se a questão: terá o soberano o direito de tirar o cargo, segundo o seu parecer, a alguém a quem foi dado (sem qualquer delito por parte do último)? Digo, não! De facto, o que a vontade unida do povo jamais decidirá sobre os seus funcionários civis, também o não pode decidir sobre eles o chefe do Estado. Ora bem, o povo (que deve suportar as despesas resultantes da preparação de um funcionário) quer, decerto, que este esteja totalmente à altura do trabalho que lhe foi confiado; mas tal só pode acontecer se ele se preparar e aprender durante um tempo suficiente, durante o qual perde o que teria podido empregar para aprender qualquer outra ocupação que o sustente; portanto, desempenharia o cargo, regra geral, gente que não teria adquirido a habilidade requerida nem o juízo maduro que se obtém através do exercício — o que contraria o propósito do Estado, para o qual é preciso que todos possam ascender de um cargo inferior aos superiores (que, de outro modo, cairiam nas mãos de ineptos), portanto, que todos possam contar com um futuro vitaliciamente assegurado.

A *dignidade* que não acompanha apenas um cargo, mas faz também do seu possuidor, inclusive sem serviços especiais, um membro de uma ordem superior, é a *nobreza*; distingue-se ela do Estado Civil em que se encontra o povo, recai por herança no descendente masculino e, por este, comunica-se, inclusive, às mulheres de nascimento plebeu; mas não vice-versa, pois a mulher que nasce nobre não comunica esta categoria ao seu marido plebeu, antes ela própria ingressa na simples categoria civil (do povo). — A questão é, pois, esta: terá o soberano o direito de instituir uma nobreza, como uma categoria intermédia *hereditária* entre ele e o resto dos concidadãos? Não interessa aqui se é prudente por parte do soberano, em benefício seu ou do povo, mas apenas se é conforme ao direito de o povo ter acima de si uma ordem de pessoas que, súbditos também, são todavia, relativamente ao povo, chefes *natos* (pelo menos, privilegiados). — A resposta a esta pergunta deriva, tal como antes, do princípio: «o que o povo (a massa total dos súbditos) não pode decidir sobre si mesmo e os seus associados, também o não pode decidir o soberano sobre o povo». Ora bem, uma nobreza *herdada*, uma categoria prévia ao mérito e que permite esperá-lo sem fundamento algum, é um produto mental, desprovido de toda a realidade. De facto, se o antepassado teve algum mérito, não podia transmiti-lo aos seus descendentes, antes deveriam estes adquiri-lo sempre por si mesmos, porque a natureza não dispõe as coisas de modo a herdar-se também o talento e a vontade, que possibilitam prestar serviços ao Estado. Visto que nenhum homem pode acatar a rejeição da sua liberdade, é impossível que a vontade geral do povo concorde com esta infundada prerrogativa; portanto, também o soberano a não pode impor. — Ora bem, embora semelhante anomalia se tenha introduzido na maquinaria de um governo em épocas passadas (no sistema feudal, que assentava quase totalmente na guerra), graças a súbditos que querem ser mais do que cidadãos, isto é, funcionários natos (como, por exemplo, professor por herança), o Estado só pode corrigir este erro — por ele cometido — de um privilégio hereditário outorgado ilegalmente, através da gradual supressão e da não ocupação dos lugares; tem, por isso, provisoriamente, o direito de permitir que continue a dignidade do título até que, na opinião pública, a divisão entre soberano, nobreza e povo dê lugar à única natural: a divisão entre soberano e povo. Não pode haver no Estado nenhum homem que careça de toda a dignidade, pois tem ao menos a de cidadão; exceto se a perdeu em virtude do seu próprio *crime*, porque então é mantido, decerto em vida, mas convertido em simples instrumento do arbítrio de outrem (quer do Estado, quer de outro cidadão). Quem neste último caso se encontra (o que só pode acontecer por meio do julgamento e do direito) é um *escravo* (*servus in sensu stricto*) e pertence à *propriedade* (*dominium*) de outro que, portanto, não só é o seu senhor (*herus*), mas também o seu *proprietário* (*dominus*), e pode aliená-lo como se fosse uma coisa, utilizá-lo segundo o seu desejo (embora não para fins ignominiosos) e *dispor das suas forças*, mas não da sua vida nem dos membros do seu corpo. Ninguém, por contrato, se pode obrigar a sofrer uma dependência deste tipo, pela qual deixa de ser pessoa; pois só como pessoa pode selar um contrato. Sem dúvida, parece que um homem se pode comprometer com outro (por salário, alimentação ou proteção), mediante um contrato de aluguer (*locatio conductio*), a prestar-lhe certos serviços, permitidos quanto à qualidade, mas *indeterminados* quanto à intensidade, convertendo-se assim apenas em súbdito (*subiectus*), não em escravo (*servus*); mas é apenas uma falsa aparência. Pois, se o senhor está autorizado a utilizar a seu bel-prazer as forças do seu súbdito, pode também (como acontece com os negros nas ilhas do açúcar) esgotá-las até à morte ou ao desespero, e então aquele entregou-se realmente ao seu senhor como propriedade; o que é impossível. — Portanto, só pode alugar-se para trabalhos determinados quanto à qualidade e à intensidade: ou como jornaleiro, ou como súbdito estabelecido;

neste último caso, pode estabelecer um arrendamento a prazo fixo ou uma enfiteuse, quer preste serviços no próprio solo em troca do uso da terra do seu senhor em vez de salário, quer se preste a determinadas contribuições (uma renda) por usar o solo, segundo um contrato de arrendamento, sem todavia se transformar em *servo da gleba* (*glebae adscriptus*), já que assim perderia a sua personalidade. Mas, embora pelo seu crime se tenha convertido num súbdito *pessoal*, esta dependência não lhe pode, contudo, *advir por herança*, porque a contraiu por sua culpa; e também não se podem reclamar ao que foi gerado por um escravo as despesas da sua educação, porque a educação é um dever natural absoluto dos pais e, no caso de estes serem escravos, dos senhores que, com a posse dos seus súbditos, assumiram também as suas obrigações.

E

O direito penal e o direito de indulto

I

O *direito penal* é o direito que o soberano, relativamente ao subordinado, tem de lhe impor uma pena pelo seu delito. O chefe supremo do Estado não pode, pois, ser castigado, apenas é possível ser privado do seu domínio. — A transgressão da lei pública que incapacita quem a comete para ser cidadão chama-se, sem mais, *crime* (*crimen*), mas também crime público (*crimen publicum*); por isso, o primeiro (o crime privado) há de levar-se perante a justiça civil, o outro, perante a justiça criminal. — A *defraudação*, isto é, a subtração de dinheiro ou de mercadorias que foram encomendadas para o comércio, o engano na compra e na venda à vista de outro, são delitos privados. Em contrapartida, são delitos públicos fabricar ou trocar dinheiro falso, o furto, a rapina, etc., porque deste modo se põe em perigo a comunidade, e não apenas uma pessoa individual.

— Estes delitos poderiam dividir-se nos de carácter *abjeto* (*indolis abiectae*) e nos de carácter *violento* (*indolis violentae*).

A *pena judicial* (*poena forensis*), distinta da *natural* (*poena naturalis*), pela qual o vício se castiga a si mesmo, e que o legislador não tem sequer em conta, nunca pode servir apenas de meio para fomentar outro bem, quer para o próprio delinquente, quer para a sociedade civil, mas sempre lhe deverá ser imposta, só *porque cometeu um delito*; de facto, o homem nunca pode ser manejado como simples meio para os propósitos de outrem nem confundido entre os objetos do direito real; de tal o protege a sua personalidade inata, embora possa, decerto, ser condenado a perder a personalidade civil. Antes de se pensar em tirar desta pena algum proveito para ele mesmo e para os seus concidadãos, deve ele ter sido julgado *digno de castigo.* A lei penal é um imperativo categórico, e ai daquele que rasteja pelas sinuosidades da doutrina da felicidade para encontrar algo que o exonere do castigo ou, inclusivamente, apenas de um grau do mesmo, pela vantagem que promete, segundo o mote farisaico: «é melhor que morra um só homem do que todo o povo»! Pois, se a justiça morrer, deixa de ter valor que os homens vivam sobre a Terra. — Que pensar, então, da proposta de conservar a vida a um criminoso condenado à morte, se ele se dispusesse a submeter-se a experimentos em si perigosos e fosse tão afortunado que saísse ileso, obtendo assim os médicos uma nova informação, proveitosa para a comunidade? Um tribunal rejeitaria, com desprezo, o colégio médico que fizesse esta proposta; pois a justiça deixa de o ser, quando por qualquer preço se abandona. Qual é, porém, o tipo e o grau de castigo que a justiça pública adota como princípio e como padrão? Nenhum outro, a não ser o princípio de igualdade (na posição do fiel da balança da justiça): nunca se inclinar mais para um lado do que para o outro. Portanto, seja qual for o dano imerecido que a outrem ocasionas no povo, a ti mesmo o fazes. Se o injurias, a ti próprio te injurias; se o roubas, a ti mesmo te roubas; se lhe bates, a ti mesmo bates; se o matas, a ti mesmo te matas. Só a *lei do talião* (*ius talionis*) pode oferecer com segurança a qualidade e a quantidade do castigo, mas, claro está, no seio do tribunal (não no teu juízo privado); todos os outros oscilam de um lado para outro e não se podem adequar ao ditame da pura e estrita justiça, porque pelo meio se imiscuem outras considerações. — Ora bem, parece, sem dúvida, que a diferença entre as posições sociais não permite aplicar o princípio do talião: o mesmo pelo mesmo; mas, embora não seja literalmente possível, pode continuar a valer quanto ao seu efeito, no tocante ao modo de sentir dos mais nobres. — Assim, por exemplo, a multa por uma injúria verbal não guarda relação alguma com a ofensa, pois quem tem muito dinheiro pode a si permiti-la por prazer; mas a ofensa feita ao pundonor de alguém pode chegar a equiparar-se ao dano infringido ao orgulho do outro, se este fosse obrigado, por juízo e por direito, não só a retratar-se publicamente, mas também, por exemplo, a beijar a mão daquele, mesmo que seja inferior. Assim também, se o notável violento fosse condenado pelos golpes que propinou a um cidadão inferior, mas inocente, não só a retratar-se, mas também a uma prisão isolada e dolorosa, porque assim, além de sofrer a incomodidade, ficaria dolorosamente afetada a vaidade do autor e deste modo — pela vergonha — se pagaria com a mesma moeda, como é devido. — Mas que significa a afirmação: «se tu o roubares, roubas-te a ti mesmo»? Quem rouba torna insegura a propriedade de todos os outros; portanto, priva-se a si mesmo (segundo a lei do talião) da segurança de toda a propriedade possível; nada tem e nada também pode adquirir, mas, no entanto, quer adquirir — o que é impossível, se outros o não sustentarem. Mas visto que o Estado não o fará gratuitamente, tem ele de lhe ceder as suas forças para qualquer trabalho que se lhe apresente (trabalhos forçados ou trabalhos na prisão), e ingressa assim no estado de escravidão durante um certo tempo ou, segundo as circunstâncias, também para sempre. — Porém, se cometeu um assassinato, tem de *morrer*. Não há nenhum equivalente que satisfaça a justiça. Não existe *equivalência* entre uma vida, por penosa que seja, e a morte, portanto, também não há igualdade entre o crime e a represália, a não ser matando o culpado por disposição judicial, embora, decerto, com uma morte livre de qualquer ultraje que converta num espantalho a humanidade na pessoa de quem a sofre. — Inclusive, se a sociedade civil se dissolvesse com o consentimento de todos os seus membros (por exemplo, se o povo que vive numa ilha decidisse desagregar-se e disseminar-se pelo mundo inteiro), deveria antes ser executado o último assassino que se encontre no cárcere, para que cada qual receba o que merece pelos seus atos e o crime de sangue não recaia sobre o povo, que não exigiu este castigo: pois ele pode considerar-se como cúmplice desta violação pública da justiça.

Esta igualdade das penas, que só é possível pela condenação à morte por parte do juiz, segundo a estrita lei do talião, manifesta-se no facto de que só deste modo a sentença de morte se pronuncia sobre todos de forma proporcionada à *maldade interna* dos criminosos (mesmo se ela não incidisse num homicídio, mas noutro crime de Estado, que só a morte pode apagar). — Suponhamos que, como na última rebelião escocesa, pois diferentes participantes (Balmerino e outros) julgavam cumprir, por meio da sublevação, mais do que um dever para com a casa dos Stuart, enquanto outros perseguiam propósitos privados, o tribunal supremo se tivesse pronunciado assim: cada um tem a liberdade de escolher entre a morte e os trabalhos forçados. Digo, então: o homem de honra escolhe a morte, mas o malandro prefere os trabalhos forçados; e tal é consequência da natureza do ânimo humano. Pois, o primeiro conhece algo que aprecia ainda mais do que a própria vida, isto é, a *honra*; mas o outro prefere uma vida ignominiosa a não existir (*animam praeferre pudori*, Juvenal). Ora bem, o primeiro é indiscutivelmente menos digno de castigo do que o outro e, por isso, ao impor a todos a morte por igual, são castigados de uma maneira proporcionada: aquele suavemente, segundo a sua sensibilidade peculiar; este com severidade, de harmonia com a sua. Pelo contrário, se todos fossem condenados a trabalhos forçados, castigar-se-ia o primeiro com demasiada severidade, mas o outro seria castigado pela sua infâmia com excessiva indulgência. E, deste modo, também no caso de uma sentença ditada contra um conjunto de criminosos, unidos numa sedição, o melhor regulador perante a justiça pública é a morte. — Ademais, nunca se ouviu dizer que um condenado à morte por assassinato se tenha queixado de que com isso lhe está a acontecer algo excessivo e, portanto, injusto; qualquer um se lhe riria na cara, se aquele assim se expressasse. — Caso contrário, teríamos de admitir que, embora segundo a lei não se faça injustiça alguma ao criminoso, o poder legislativo do Estado não está facultado para impor esta classe de penas e, se o fizer, entra em contradição consigo mesmo.

Por conseguinte, todos os criminosos que cometeram um assassinato, ou ainda os que o ordenaram ou nele estiveram implicados, hão de sofrer também a morte; assim o quer a justiça enquanto ideia do poder judicial, segundo leis universais, fundamentadas *a priori*. — Mas se o número de cúmplices (*correi*) de tal ação fosse tão grande que o Estado, para se livrar de semelhantes criminosos, tivesse de chegar quase ao extremo de já não ter mais nenhum súbdito e, todavia, se não quisesse dissolver, isto é, passar ao Estado de Natureza, que é pior porque carece de toda a justiça exterior (e não quisesse sobretudo embotar o sentimento do povo com o espetáculo de um matadouro), então o soberano, neste caso extremo (*casus necessitatis*), deve também ter poder para ele próprio fazer de juiz (representá-lo) e pronunciar uma sentença que, em vez da condenação à morte, imponha aos criminosos outra pena que conserve a vida do conjunto do povo, por exemplo a deportação; não o faria, porém, mediante uma lei pública, antes por um ato de autoridade, isto é, por um ato do direito de majestade, que, como indulto, se pode exercer em casos isolados.

Em contrapartida, o marquês de Beccaria, pelo sentimentalismo compassivo de uma humanidade afetada (*compassibilitas*), defendeu que toda a pena de morte é ilegal, porque ela não poderia estar contida no contrato civil originário; de facto, cada um no povo deveria então estar de acordo em perder a sua vida, se matasse outro (do povo); mas tal consentimento é impossível, pois ninguém pode dispor da sua vida. Tudo isto é sofismaria e rabulice.

Ninguém sofre um castigo porque o tenha querido, mas porque quis uma *ação punível*; com efeito, quando a alguém acontece o que quer, não há castigo algum, e é impossível querer ser castigado. — Dizer «quero ser castigado, se assassinar alguém» significa apenas dizer que me submeto, juntamente com todos os outros, às leis que, de um modo natural, serão também leis penais, no caso de haver criminosos no povo. Eu, como colegislador que decreta a *lei penal*, não posso ser a mesma pessoa que, enquanto súbdito, é castigada segundo a lei; pois enquanto tal, isto é, como criminoso, não posso ter um voto na legislação (o legislador é sagrado). Portanto, quando formulo uma lei penal contra mim, enquanto criminoso, é a razão pura jurídico-legisladora em mim (*homo noumenon*) que me submete à lei penal enquanto sujeito capaz de cometer crimes, logo, como outra pessoa (*homo phaenomenon*), juntamente com todas as outras numa associação civil. Por outras palavras: não é o povo (cada indivíduo no mesmo) quem dita a condenação à morte, mas o tribunal (a justiça pública), logo, alguém distinto do criminoso, e, no contrato social, de nenhum modo está contida a promessa de permitir ser castigado, dispondo assim de si mesmo e da própria vida. De facto, se à faculdade de castigar houvesse de estar subjacente a promessa do criminoso de se querer deixar castigar, a ele se teria também de confiar a tarefa de se considerar digno de castigo, e o criminoso seria o seu próprio juiz. — O ponto fulcral do erro (*proton pseudos*) deste sofisma é o seguinte: o juízo próprio do criminoso (que importa atribuir necessariamente à sua razão) de ter de perder a vida, tem-se por uma decisão da *vontade* de a tirar a si mesmo e, por isso, representam-se como unidos numa só e mesma pessoa a execução e o juízo jurídicos.

Há, todavia, dois crimes dignos de morte a cujo respeito é duvidoso se a *legislação* terá também o direito de lhes impor a pena de morte. A ambos induz o sentimento da honra. Um é o sentimento da *honra do sexo*, o outro, o da *honra militar* e, sem dúvida, trata-se da autêntica honra que, como dever, incumbe a cada uma destas duas classes de seres humanos. O primeiro crime é o infanticídio materno (*infanticidium maternale*); o outro, o *assassinato de um companheiro de armas* (*commilitonicinium*), o *duelo*. — Como a legislação não pode apagar a desonra de um nascimento bastardo e menos ainda a mancha que, pela suspeita de cobardia, cai sobre um chefe militar subalterno que a uma afronta não opõe uma força pessoal vitoriosa sobre o temor à morte, parece que, nestes casos, os homens se encontram no Estado de Natureza e que o *homicídio* (*homicidium*), que então nem sequer se deveria chamar *assassinato* (*homicidium dolosum*), seria, decerto, punível nos dois casos, mas não suscptível de ser castigado pelo poder supremo com a morte. A criança vinda ao mundo fora do matrimónio nasceu fora da lei (ou seja, o matrimónio), portanto, também fora da sua proteção. Introduziu-se na comunidade de uma forma — digamos — furtiva (como mercadoria proibida), pelo que esta pode ignorar a sua existência (pois legalmente ela não deveria assim existir), logo, também a sua eliminação, e nenhum decreto pode apagar a desonra da mãe, se se tornar conhecido o seu parto fora do matrimónio. — O militar posto como subalterno, e alvo de insulto, vê-se também obrigado pelo opinião pública dos seus companheiros de estatuto a vingar-se e a castigar o ofensor como no Estado de Natureza, não mediante a lei perante um tribunal, mas por meio de um *duelo*, onde ele próprio arrisca a vida para provar o seu valor militar, e como alicerce essencial da honra do seu estatuto social; se ao duelo se junta também o *homicídio* do adversário, que neste confronto se produz publicamente e com o consentimento de ambas as partes, embora a seu pesar, não se pode, em rigor, chamar *assassinato* (*homicidium dolosum*). — Que é, pois, de direito em ambos os casos (pertencentes à justiça criminal)? — A justiça penal vê-se aqui num grave aperto: ou declara nulo por lei o conceito de honra (que aqui não é uma ilusão) e, então, castiga com a morte, ou priva o crime da pena de morte correspondente, e será deste modo ou cruel ou indulgente. A solução deste nó é a seguinte: o imperativo categórico da justiça penal (há que castigar com a morte o homicídio ilegal de outro) persiste, mas a própria legislação (portanto, também a constituição civil), enquanto continua a ser bárbara e rudimentar, é a responsável de os móbiles da honra no povo (subjetivamente) não coincidirem com as regras que (objetivamente) são adequadas ao seu propósito, pelo que a justiça pública, dimanada do Estado, se converte em injustiça relativamente à que procede do povo.

II

O *direito de indulto* (*ius aggratiandi*) para o criminoso, quer mediante a atenuação do castigo, quer eximindo-o totalmente a ele, é o mais arriscado de todos os direitos do soberano, para demonstrar a magnificência da sua grandeza e para, por meio dele, realizar uma ação profundamente injusta. — No tocante aos crimes dos súbditos entre si não lhe corresponde de modo algum exercer tal direito; pois aqui a impunidade (*impunitas criminis*) é para com eles a suma injustiça. Portanto, só pode fazer uso desse direito no caso de ele próprio ser lesado (*crimen laesae maiestatis*). Mas nem sequer então pode fazê-lo, se a impunidade pudesse pôr em perigo a segurança do povo. — Este é o único direito que merece o nome de direito de majestade.

A relação jurídica do cidadão com a pátria e com o estrangeiro

§ 50

O território (*territorium*) cujos habitantes são concidadãos de uma só e mesma comunidade em virtude da constituição, isto é, sem necessidade de realizar um ato jurídico especial (portanto, por nascimento), é *a pátria*: o território em que se encontram sem esta condição é o *estrangeiro*, e se este constituir em geral uma parte da soberania territorial, chama-se *província* (no sentido que os romanos davam a esta palavra); esta, porque não constitui uma parte coligada com o Império (*imperii*) enquanto *residência* dos concidadãos, mas só uma *possessão* sua como *habitação secundária*, tem de venerar o solo do Estado dominante como *metrópole* (*régio domina*):

1) O *súbdito* (inclusive considerado como cidadão) tem o direito a emigrar; de facto, o Estado não poderia retê-lo como propriedade sua. Todavia, só pode levar consigo os seus bens móveis, não os imóveis — o que aconteceria, se estivesse autorizado a vender a terra que até então possuía e a levar consigo o dinheiro da venda.
2) O *soberano* tem o direito de favorecer a *imigração* e o estabelecimento de estrangeiros (colonos), embora os autóctones não vejam isso com bons olhos; exceto apenas se lhes não for reduzida a sua propriedade privada no solo.
3) O *soberano*, no caso de delito de um súbdito que torne perniciosa para o Estado toda a convivência dos concidadãos com ele, tem também o direito de o *desterrar* para uma província no estrangeiro, onde não goze de nenhum direito de cidadão, isto é, de o *deportar*.
4) Tem igualmente o direito de *proscrição* em geral (*ius exilii*), ou seja, de o enviar para o vasto mundo, isto é, para o estrangeiro em geral (chamado *Elend* no alemão antigo); o que, em virtude de o soberano lhe negar toda a proteção, equivale a declará-lo proscrito dentro das suas fronteiras.

§ 51

Os três poderes do Estado, que brotam do conceito de uma *comunidade* em geral (*res publica latius dicta*), são apenas outras tantas relações da vontade popular unida, procedente *a priori* da razão, e uma ideia pura de um chefe do Estado, que tem realidade prática objetiva. Mas este chefe (o soberano) é apenas um *produto mental* (que representa o povo inteiro), enquanto faltar uma pessoa física que represente o supremo poder do Estado e proporcione a esta ideia efetividade sobre a vontade do povo. A relação da primeira com a última pode conceber-se, pois, de três modos diferentes: ou *um* manda no Estado em todos, ou alguns, que entre si são iguais, unidos, mandam em *todos* os outros, ou todos juntos mandam em cada um, portanto, também em si mesmos; isto é, a *forma política* é ou *autocrática* ou *aristocrática* ou *democrática.* (A expressão «monárquica», em vez de «autocrática», não é adequada ao conceito que aqui se pretende; de facto, o *monarca* é aquele que tem o poder *supremo,* ao passo que o *autocrata,* ou *o que manda por si só,* é o que detém *todo* o poder; este é o soberano, aquele unicamente o representa.) — Facilmente se vê que a forma autocrática do Estado é a mais simples, isto é, consiste na relação de um (o rei) com o povo, portanto, nela só um é legislador. A aristocrática *compõe-se* já de duas relações: a dos notáveis (enquanto *legisladores)* entre si para constituir o soberano, e depois a deste soberano com o povo; mas a democrática é a mais complexa, porque se trata de unificar, primeiro, a vontade de todos para, a partir daí, formar um povo, em seguida, a dos cidadãos para formar uma comunidade e, depois, pôr à cabeça dessa comunidade o soberano, que é esta própria vontade associada([9]). Quanto à *administração* do direito no Estado, a forma mais simples é, sem dúvida, também a melhor, mas, no tocante ao próprio *direito,* é a mais perigosa para o povo, se pensarmos no despotismo a que, com tanta insistência, ela convida. Simplificar é, efetivamente, a máxima racional no mecanismo da união do povo por meio de leis coercivas: quando todos no povo são passivos e obedecem a um, que está sobre eles; mas isto não suscita nenhum súbdito como *cidadão.* Quanto à vaga promessa, com que o povo se deve contentar, de a monarquia (em rigor, aqui a *autocracia*) ser a melhor constituição, *se o monarca for bom* (isto é, que não só tem a vontade, mas também o discernimento para isso), pertence às sábias sentenças tautológicas e apenas diz que a melhor constituição é *aquela pela qual* o administrador do Estado se converte no melhor governante, isto é, a melhor.

([9]) Nada aqui refiro acerca da falsificação destas formas mediante governantes ilegítimos (da *oligarquia* e da *oclocracia*), que se impõem pela força, nem também das chamadas constituições *mistas,* porque isso nos leveria demasiado longe.

§ 52

É *inútil* investigar a *origem histórica* deste mecanismo, ou seja, é impossível remontar ao início da sociedade civil (pois os selvagens não estabelecem nenhum instrumento da sua sujeição à lei, e deve também inferir-se, já a partir da natureza dos homens incultos, que eles terão começado com a violência). Mas encetar esta investigação com o propósito de, porventura, mudar pela força a constituição atualmente existente é algo punível. De facto, tal mudança deveria ocorrer através do povo, que para tal se amotinaria, e não por meio da legislação; mas a insurreição sob uma constituição já existente é uma subversão de todas as relações jurídico-civis, logo, de todo o direito; a saber, não é uma mudança na constituição civil, mas a sua dissolução, e então o trânsito para uma melhor não supõe uma metamorfose, mas uma palingenesia, que exige um novo contrato social, em que o anterior (agora anulado) não tem influência alguma. — Mas, em contrapartida, ao soberano há de ser possível alterar a constituição política, se ela não for facilmente conciliável com a ideia do contrato originário, deixando, todavia, de pé a forma que é essencialmente necessária para que o povo constitua um Estado. Ora bem, esta mudança não pode consistir em que o Estado passe de estar constituído por uma das três formas a uma das outras duas, por exemplo, que os aristocratas se ponham de acordo em se submeter a uma autocracia, ou em se querer fundir numa democracia, e ao invés; como se competisse à livre eleição e ao capricho do soberano decidir a que constituição quer submeter o povo. De facto, ainda que ele decidisse passar para uma democracia, poderia agir injustamente com o povo, já que, no melhor dos casos, este poderia aborrecer tal constituição e considerar mais vantajosa uma das duas restantes.

As formas políticas são apenas a *letra* (*littera*) da legislação originária no Estado Civil e podem, portanto, persistir enquanto um antigo e extenso hábito as considerar necessárias para a maquinaria da constituição política (logo, só subjetivamente). Mas o *espírito* do contrato originário (*anima pacti originarii*) implica a obrigação, por parte do poder constituinte, de adequar a *forma de governo* àquela ideia, portanto, se não o puder fazer de uma vez, a obrigação de a ir mudando, pouco a pouco e de modo incessante, até que, *quanto ao seu efeito*, concorde com a única constituição legítima, isto é, a de uma república pura; e de as antigas formas empíricas (estatutárias), as quais só serviam para obter a *submissão* do povo, se dissolverem na originária (racional), que só tem por princípio a *liberdade* e, inclusive, é a condição de toda a *coação* necessária para uma constituição jurídica, no sentido genuíno do Estado, e que aí acabará por chegar, também segundo a letra. — Esta é a única constituição política estável, em que a *lei* ordena por si mesma e não depende de nenhuma pessoa particular; este é o fim último de todo o direito público, o estado em que a cada um se pode *perentoriamente* atribuir o *seu*; pelo contrário, enquanto aquelas formas políticas, segundo a letra, tiverem de ser representadas por outras tantas pessoas morais investidas do poder supremo, só pode admitir-se um direito interno *provisório*, e não um Estado da sociedade civil absolutamente jurídico.

Mas toda a verdadeira república é — e apenas pode ser — um *sistema representativo* do povo para, em seu nome e mediante a união de todos os cidadãos, cuidar dos seus direitos através dos seus delegados (deputados). Mas, logo que um chefe do Estado se faz representar segundo a pessoa (seja ela o rei, a nobreza ou o povo inteiro, a união democrática), o povo unido não só *representa* o soberano, mas ele próprio é o soberano; pois nele (no povo) se encontra originariamente o poder de que hão de manar todos os direitos dos indivíduos enquanto simples súbditos (eventualmente como funcionários do Estado), e a república, uma vez estabelecida, já não precisa de soltar as rédeas do governo e de as entregar outra vez aos que antes a tinham dirigido, e que agora, por um arbítrio absoluto, de novo poderiam destruir todas as novas disposições.

Por isso, foi um grande erro de juízo de um poderoso governante do nosso tempo querer sair de um apuro, devido às grandes dívidas de Estado, transferindo para o povo, e a seu bel-prazer, a obrigação e a partilha deste encargo; pois, naturalmente, estava nas suas mãos não só o poder de legislar sobre a tributação dos súbditos, mas também o poder de legislar sobre o governo, isto é, impedir que este se endivide de novo por esbanjamento ou pela guerra. Por conseguinte, o poder soberano do monarca esvaneceu-se por completo (não se suspendeu apenas) e passou para o povo, a cuja vontade legisladora se sujeitou agora o *meu* e o *teu* de cada súbdito. Também se não pode dizer que aqui era de supor uma promessa tácita — e, todavia, contratual — da Assembleia Nacional de se não constituir como soberania, mas apenas de administrar os assuntos da soberania e de entregar outra vez ao monarca as rédeas do mando, uma vez cumprida a tarefa; de facto, semelhante contrato é em si mesmo nulo e inválido. O direito da legislação suprema da comunidade não é um direito alienável, mas o mais pessoal de todos os direitos. Quem o tem só pela vontade coletiva do povo pode dispor do povo, mas não dispõe da própria vontade coletiva, que é o fundamento originário de todos os contratos públicos. Um contrato que obrigasse o povo a restituir de novo o seu poder não lhe pertenceria enquanto poder legislativo e, no entanto, vincularia o povo — o que seria uma contradição, segundo o princípio de que ninguém pode servir a dois senhores.

O DIREITO PÚBLICO

Secção Segunda

O DIREITO DAS GENTES

§ 53

Os homens que constituem um povo podem, enquanto autóctones, representar-se segundo a analogia da procriação a partir de um *tronco paterno* comum (*congeniti*), embora não o sejam; todavia, num sentido intelectual e jurídico, enquanto nascidos de uma mãe comum (a República), constituem — por assim dizer — uma família (*gens, natio*), cujos membros (concidadãos) são todos de igual condição e não aceitam misturar-se com aqueles que, ao pé deles, desejam viver no Estado de Natureza, como plebeus; embora estes (os selvagens) se julguem, por seu lado, superiores pela liberdade sem lei que escolheram, e formem também povos, mas não Estados. O direito dos *Estados* na sua relação mútua (que em alemão se diz *Völkerrecht* de um modo não totalmente correto, porque se deveria antes chamar *Staatsrecht* (*ius publicum civitatum*) é o que agora temos de considerar sob o nome de direito das gentes: onde um Estado, olhado como pessoa moral, perante outro que se encontra no estado de liberdade natural e, portanto, também no estado de guerra permanente, se propõe como tarefa o direito *à guerra*, o direito *durante a guerra* e o direito de mutuamente se obrigarem a sair deste estado de guerra, portanto, uma constituição que funda uma paz duradoura, ou seja, o direito *depois da guerra*. E a diferença entre o direito no Estado de Natureza dos indivíduos ou das famílias (em relação mútua) e o dos povos entre si assenta só em que, no direito das gentes, se considera a relação de um Estado com outro na sua totalidade, e a relação ainda entre as pessoas individuais de um e os indivíduos do outro, bem como a relação com outro Estado na sua totalidade; mas esta diferença relativamente ao direito dos indivíduos no simples Estado de Natureza só carece das determinações que, com facilidade, se podem inferir do conceito deste último.

§ 54

Os elementos do direito das gentes são os seguintes: 1) os Estados, considerados na sua relação mútua externa (como selvagens sem lei), encontram-se por natureza num estado não jurídico; 2) este estado é um *estado de guerra* (do direito do mais forte), embora não de guerra efetiva e de agressão real permanente (hostilidade); tal agressão, embora nenhum sofra por ela injustiça da parte de outro (enquanto ambos não querem melhorar), é em si mesma sumamente injusta, e os Estados que entre si são vizinhos estão obrigados a sair de semelhante estado; 3) é necessária uma liga de nações, segundo a ideia de um contrato social originário de não se imiscuir (mutuamente) nos conflitos domésticos, mas de se proteger perante os ataques dos inimigos externos; 4) a confederação não deveria, contudo, conter nenhum poder soberano (como numa constituição civil), mas só uma *sociedade cooperativa* (*federação*); uma aliança que se pode rescindir em qualquer momento e que, portanto, se há de renovar de tempos a tempos —, um direito *in subsidium* de outro originário, que consiste em defender-se mutuamente de cair no estado de guerra efetiva (*foedus Amphictyonum*).

§ 55

Com esse direito originário dos Estados livres de, entre si, fazerem a guerra no Estado de Natureza (para fundar uma situação que se aproxime do Estado Jurídico) surge, antes de mais, a questão: que direito tem o Estado, *em face dos seus próprios súbditos*, de deles se servir na guerra contra outros Estados, de nela empregar ou arriscar os seus bens e, inclusive, a sua vida, de modo que não dependa do seu juízo próprio se querem, ou não, ir para a guerra, mas que para ela possa enviá-los a ordem suprema do soberano? Este direito pode, segundo parece, provar-se facilmente a partir do direito de fazer com o *seu* (a propriedade) o que se quiser. Do que alguém pessoalmente *fez* é, quanto à substância, um proprietário indiscutível. — Eis aqui, portanto, a dedução, tal como a conceberia um simples jurista.

Num país há muitos *produtos naturais* que, quanto à quantidade de um certo tipo, se hão de considerar ao mesmo tempo como *produtos artificiais* (*artefacta*) do Estado, porque o país não os produziria em tal quantidade, se não houvesse um Estado e um governo convenientemente constituído e poderoso, mas os seus habitantes vivessem no Estado de Natureza. — No país onde vivo seria impossível encontrar, ou só em número muito escasso, galinhas domésticas (a classe mais útil de aves de capoeira), ovelhas, porcos, animais bovinos, etc., quer por falta de alimentos, quer devido aos animais rapaces, se nele não houvesse um Governo que garantisse aos habitantes as suas aquisições e posses. — O mesmo se pode dizer do número de homens que, como nos desertos da América, e atribuindo-lhes até o máximo empenho (que não têm), só pode ser reduzido. Os habitantes estariam muito pouco dispersos, porque nenhum deles se poderia alargar muito, juntamente com a sua criadagem, num território sempre em risco de ser devastado pelos homens ou selvagens e pelas feras; por conseguinte, não se encontraria alimento suficiente para uma quantidade tão elevada de homens como a que vive agora num país. — Portanto, assim como das plantas (por exemplo, as batatas) e dos animais domésticos, pois são *obra* dos homens quanto à sua quantidade, se pode dizer que é possível utilizá-los, consumi-los e destruí-los (deixar que os matem), assim também, aparentemente, se poderia dizer que o poder supremo do Estado, o soberano, tem o direito de mandar os súbditos, em grande medida um produto seu, para a guerra e para combate, como que para uma caçada e para uma excursão.

Mas este fundamento jurídico (de que presumivelmente o monarca terá também uma vaga ideia) vale, decerto, para os animais, que podem ser *propriedade* do homem; não se pode, porém, aplicar de modo algum ao homem, sobretudo como cidadão, que no Estado se há de considerar sempre como membro colegislador (não apenas como meio, mas também ao mesmo tempo como fim em si mesmo) e que, portanto, deve dar a sua livre aprovação mediante os seus representantes, não só para a guerra em geral, mas também para cada declaração de guerra em particular; só sob esta condição restritiva pode o Estado dispor dele para um serviço perigoso.

Teremos, pois, de inferir este direito a partir do *dever* do soberano para com o povo (não ao invés) e divisar assim este como se para isso tivesse dado o seu voto, qualidade pela qual, embora seja passivo (permite que dele disponham), é também, contudo, ativo e representa o próprio soberano.

§ 56

No estado natural dos Estados, o *direito à guerra* (às hostilidades) é a forma lícita pela qual um Estado, pela sua própria força, reclama o seu direito perante outro, quando julga que este o lesou; porque tal, naquela situação, não se pode fazer mediante *um processo* (como único meio de resolver as querelas no Estado Jurídico). — Além da lesão ativa (da primeira agressão, que é distinta da primeira hostilidade), existe a *ameaça*. Esta pode consistir ou no início dos *preparativos*, em que assenta o direito de *prevenção* (*ius praeventionis*), ou simplesmente no temível aumento de *poder (potentia tremenda*) de outro Estado (por aquisição de territórios). Este aumento de poder constitui uma lesão ao mais débil, pelo simples facto da sua *situação*, antes de qualquer *ação do mais poderoso*, e no Estado de Natureza este ataque é certamente legítimo. Aqui se funda igualmente o direito ao equilíbrio de todos os Estados confinantes que mantêm entre si uma relação ativa.

No tocante à *lesão ativa*, que suscita o *direito à guerra*, integra-se nela a satisfação que o povo de um Estado toma por si mesmo pela ofensa de outro povo, isto é, na *represália* (*retorsio*), sem demandar uma compensação por parte do outro Estado (por via pacífica); assemelha-se a tal, quanto à formalidade, a irrupção da guerra sem a prévia revogação da paz (*declaração de guerra*): porque, se quisermos encontrar um direito no estado de guerra, é preciso supor algo análogo a um contrato, isto é, a *aceitação* da declaração da outra parte, de modo que ambos pretendem assim reivindicar o seu direito.

§ 57

No direito das gentes, o direito durante a guerra é justamente aquele em que mais difícil é formar dele só um conceito e conceber uma lei neste estado sem lei (*inter arma silent leges*), sem a si mesmo se contradizer; tal lei teria de ser, pois, a seguinte: fazer a guerra segundo os princípios, graças aos quais continue sempre a ser possível sair do Estado de Natureza dos Estados (numa relação externa entre si) e ingressar num Estado Jurídico.

Nenhuma guerra entre Estados independentes pode ser uma *guerra punitiva* (*bellum punitivum*), pois o castigo só pode ter lugar na relação entre um superior (*imperantis*) e um subordinado (*subditum*), relação que não é a existente entre os Estados; mas também não pode ser uma guerra de *extermínio* (*bellum internecinum*) nem uma *guerra de submissão* (*bellum subiugatorium*), que significaria a aniquilação moral de um Estado (cujo povo ou se mistura então com o do o vencedor numa massa, ou é reduzido à escravidão). E não é porque este meio extremo de um Estado para obter a situação de paz contradiga em si o direito de um Estado, mas porque a ideia do direito das gentes só implica o conceito de um antagonismo para conservar o *seu*, segundo princípios da liberdade externa, e não um modo de adquirir que, em virtude do aumento do poder de um Estado, possa para outro constituir uma ameaça.

Ao Estado a que se faz a guerra está permitida toda a classe de meios de defesa, exceto aqueles cujo uso incapacitaria os seus súbditos de serem cidadãos; porque então, segundo o direito das gentes, ele se tornaria ao mesmo tempo incapaz de, nas relações entre os Estados, valer como pessoa (que partilharia com outros os mesmos direitos). Entre tais meios figuram os seguintes: utilizar os seus próprios súbditos como espiões; utilizar estes e também os estrangeiros, como assassinos pagos, envenenadores (classe em que se podem incluir ainda perfeitamente os chamados atiradores de precisão, que espreitam os indivíduos em emboscadas), ou apenas para propagar notícias falsas; numa palavra, usar os meios perversos que destruiriam a confiança indispensável para instaurar no futuro uma paz duradoura.

Durante a guerra está permitido impor ao inimigo vencido fornecimentos e contribuições, mas não saquear o povo, isto é, arrancar o *seu* às pessoas individuais pela força (isso seria um roubo; pois, não foi o povo vencido que fez a guerra, mas, *através dele*, o Estado sob cujo domínio se encontrava); e também efetuar *requisições* em troca de recibos, a fim de repartir proporcionalmente a carga imposta ao país ou à província, durante a paz subsequente.

§ 58

O direito *depois da guerra*, isto é, no momento em que se assina o tratado de paz e atendendo às suas consequências, consiste no seguinte: o vencedor dita as condições pelas quais é costume estabelecer *tratados* para chegar a um acordo com o vencido e concluir a paz; não, decerto, segundo um pretenso direito que lhe assistiria em virtude da suposta ofensa do seu adversário, mas, pelo esquecimento de tal questão, apoiando-se na sua força. O vencedor não pode exigir a compensação das despesas da guerra, porque então teria de fazer passar por injusta a guerra do seu adversário; mas, embora possa excogitar este argumento, não o deve aduzir, porque então justificaria a sua guerra como uma guerra punitiva, cometendo assim um novo agravo. Inclui-se também aqui a troca de prisioneiros (põe-se de lado o resgate), sem se fixar na igualdade do número.

O Estado vencido, ou os seus súbditos, não perdem, pela conquista do país, a sua liberdade civil, de modo que sejam rebaixados, o primeiro a colónia e os segundos a escravos; pois, em tal caso, teria sido uma guerra punitiva, que é em si mesma contraditória. — Uma *colónia* ou província é um povo que tem, sem dúvida, a sua própria constituição, a sua legislação e o seu território; nela são estrangeiros os que pertencem a outro Estado que, todavia, tem sobre aquele o supremo poder *executivo*. Este último denomina-se *metrópole*. O Estado filial é dominado por aquele, mas governa-se por si mesmo (pelo seu próprio parlamento, quando muito, sob a presidência de um vice-rei) (*civitas hybrida*). Assim foi Atenas na sua relação com diferentes ilhas, e assim é agora a Grã-Bretanha na sua relação com a Irlanda.

Menos ainda se seguirá a *escravatura*, e a sua legitimidade, da derrota de um povo mediante a guerra, porque então se deveria aqui supor uma guerra punitiva. E menos aceitável é ainda uma servidão hereditária, de todo absurda, porque a culpa do crime cometido por alguém não se pode herdar.

Do conceito de conclusão da paz depreende-se já que a *amnistia* está também a ele unida.

§ 59

O *direito à paz* é o direito 1) de estar em paz quando na vizinhança há guerra, ou o direito de *neutralidade*; 2) de assegurar a continuação da paz concertada, isto é, o direito de *garantia*; 3) de *associação* mútua (confederação) entre diversos Estados, para conjuntamente se defender contra todo o possível ataque externo ou interno; não uma liga para o ataque e o engrandecimento interno.

§ 60

O direito de um Estado perante um *inimigo injusto* não tem limites (decerto quanto à qualidade, mas não quanto à quantidade, ou seja, ao grau); isto é, o Estado prejudicado não se pode servir de *todos* os meios, mas sim utilizar os meios em si lícitos para manter o *seu*, se para tal tiver forças. — Mas o que é um *inimigo injusto* segundo os conceitos do direito das gentes, em que cada Estado é juiz na sua própria causa, como acontece em geral no Estado de Natureza? É aquele cuja vontade publicamente expressa (por palavra ou por atos) denota uma máxima segundo a qual, se ela se convertesse em regra universal, seria impossível um estado de paz entre os povos e teria de se perpetuar o Estado de Natureza. São deste jaez a violação dos pactos públicos, da qual se pode inferir que ela afeta os interesses de todos os povos, cuja liberdade se vê assim ameaçada e que deste modo se sentem incitados a unir-se contra tal desordem e a tirar-lhe o poder para isso; mas *não para entre si repartir* o país e, por assim dizer, fazer desaparecer um Estado da face da Terra, pois isso seria uma injustiça para o povo, que não pode perder o seu direito originário a congregar-se numa comunidade, antes para o levar a aceitar uma nova constituição que seja, por sua natureza, contrária à guerra.

Quanto ao mais, a expressão «um inimigo injusto no Estado de Natureza» é um *pleonasmo*; de facto, o próprio Estado de Natureza é já um estado de injustiça. Inimigo justo seria aquele com o qual eu agiria de maneira injusta, se lhe opusesse resistência; mas este, então, não seria meu inimigo.

§ 61

Se o Estado de Natureza dos povos, tal como o dos homens singulares, é um estado de que se deve sair para ingressar num estado legal, então, antes de semelhante ocorrência, todo o direito dos povos, todo o *meu* e *teu* externo dos Estados, que se adquire e conserva por meio da guerra, é somente *provisório*, e apenas numa universal *associação de Estados* (análoga àquela pela qual o povo se transforma em Estado) pode ele vigorar *perentoriamente* e tornar-se uma verdadeira *situação de paz*. Mas como a extensão excessiva de tal Estado de nações em vastas regiões impossibilitará, ao fim e ao cabo, o seu governo, logo, também a proteção de cada membro, e como uma multidão de tais corporações conduz de novo a um estado de guerra, a *paz perpétua* (o fim último do direito das gentes na sua totalidade) é, sem dúvida, uma ideia irrealizável. Não, porém, os princípios políticos que, enquanto *aproximação* incessante à mesma, servem para tal fito, isto é, realizar tais alianças entre os Estados, mas são realizáveis, porque esta é uma tarefa fundada no dever, logo, também no direito dos homens e dos Estados.

A semelhante associação de alguns *Estados* em vista da conservação da paz pode dar-se o nome de *congresso permanente dos Estados*, ao qual se pode jungir qualquer vizinho. Um do género (pelo menos quanto às formalidades do direito das gentes com o objetivo de conservar paz) teve lugar, na primeira metade deste século, na Assembleia dos Estados Gerais em Haia; ali, os ministros da maior parte das cortes europeias, e inclusive das repúblicas mais pequenas, queixaram-se das agressões mútuas sofridas e, por isso, excogitaram a Europa inteira como um único Estado federal, que, por assim dizer, aceitaram como árbitro nos seus conflitos públicos. Em vez disto, o direito das gentes, mais tarde, ficou apenas nos livros, desapareceu dos gabinetes ou, já após o uso da força, foi confiado, na forma de deduções, à obscuridade dos arquivos.

Mas por *congresso* entende-se aqui unicamente uma confederação arbitrária de diversos Estados, que em qualquer momento se pode *dissolver*, e não uma união que (como a dos Estados americanos) esteja fundada numa constituição política e seja, portanto, indissolúvel; só mediante tal congresso se pode realizar a ideia de um direito público das gentes — que importa instituir — para resolver os conflitos de um modo civil, digamos por um processo, e não de uma forma bárbara (à maneira dos selvagens), ou seja, mediante a guerra.

O DIREITO PÚBLICO

Secção Terceira

O DIREITO COSMOPOLITA

§ 62

Esta ideia racional de uma comunidade *pacífica*, embora ainda não amistosa, formada por todos os povos da Terra, que podem entre si estabelecer relações efetivas, não é algo filantrópico (ético), mas um princípio *jurídico*. A natureza encerrou-os a todos em limites determinados (graças à forma esférica da sua residência, como *globus terraqueus*); e como a posse do solo sobre o qual pode viver um habitante da Terra só se pode pensar como posse de uma parte de um determinado todo, portanto, como uma parte sobre a qual cada um deles tem *originariamente* um direito, então todos os povos se encontram originariamente numa comunidade do solo; não, porém, na comunidade *jurídica* da posse (*communio*) e, portanto, do seu uso ou da sua propriedade, mas na comunidade de possível *interação* física (*commercium*), isto é, numa relação universal de um com todos os outros, em vista da oferta de um comércio mútuo, e têm o direito de o tentar, sem que por isso o estrangeiro esteja autorizado a tratá-los como inimigos. — Este direito, na medida em que conduz à possível união de todos os povos, com o propósito de estabelecer certas leis universais do seu possível comércio, pode chamar-se o direito *cosmopolita* (*ius cosmopoliticum*).

Aparentemente, os mares impossibilitam toda a comunidade dos povos entre si; e, no entanto, eles são justamente, por meio da navegação, as disposições naturais mais favoráveis ao seu comércio, que pode ser tanto mais intenso quanto mais próximas estejam entre si as costas (como as do Mediterrâneo). Todavia, a frequentação das costas, e mais ainda a sua colonização para as unir à metrópole, são também ocasiões propiciais para que o mal e a violência, num lugar do nosso globo, se sintam também em todos. Mas este possível abuso não pode anular o direito do cidadão da Terra a *intentar* a comunidade com todos e a *visitar* com este propósito todas as regiões, embora não se trate de um direito a estabelecer-se no solo de outro povo (*ius incolatus*), para o que se requer um contrato especial.

Mas pergunta-se: não será permitido a um povo o *estabelecimento* (*accolatus*) ou a tomada de posse nas terras recém-descobertas, na vizinhança de um povo que nesta região já ocupou o seu lugar, mesmo sem o seu consentimento?

Se a instalação se der a uma distância tal do estabelecimento do primeiro que nenhum deles prejudica o outro no uso do seu solo, o direito a ele é indubitável; mas, se forem povos de pastores ou de caçadores (como os Hotentotes, os Tunguses e a maioria das nações americanas), cujo sustento depende de grandes extensões de terra despovoadas, isso não poderia fazer-se pela força, mas só por contrato e, neste último caso, sem se aproveitar da ignorância dos habitantes quanto à cessão das terras; embora aparentemente sejam suficientes as razões para justificar que a violência redunda em benefício do mundo: quer pela civilização dos povos incultos (como o pretexto com que até Büschtng pretende desculpar a sangrenta introdução da religião cristã na Alemanha), quer para expurgar o próprio país dos homens corrompidos e pela esperança de os melhorar, a eles ou aos seus descendentes, noutra parte do mundo (como na Nova Holanda). De facto, todos esses propósitos, alegadamente bons, não conseguem lavar as manchas de injustiça presentes nos meios que para tal se empregam. — Mas se, em contrapartida, se objetar que, com tais escrúpulos para começar pela força a fundação de um estado legal, talvez a Terra inteira se encontraria ainda num estado sem lei, então nem mesmo assim esta objeção pode anular aquela condição jurídica, como também não o pretexto dos revolucionários políticos de que, quando as constituições são más, cabe ao povo reformá-las pela violência e ser injusto de uma vez por todas para, em seguida, estabelecer e fazer florescer a justiça com maior segurança.

* * *

Conclusão

Se alguém não consegue provar que algo é, pode tentar provar que não é. Mas se não conseguir nenhuma destas duas coisas (o que amiúde acontece), pode ainda perguntar se (por hipótese) lhe *interessa aceitar* uma ou outra, e isto com um propósito ou teórico ou prático, a saber, ou para se explicar simplesmente um certo fenómeno (como, por exemplo, para o astrónomo, o fenómeno da retrogradação e a fixidez dos planetas) ou para alcançar um determinado fim, o qual, por seu turno, pode ser *pragmático* (um simples fim técnico) ou *moral*, isto é, um fim tal que a máxima de o realizar é um dever. — É evidente que aqui se não converte em dever *aceitar* (*suppositio*) que o fim seja realizável — o que é um juízo meramente teórico e para tal ainda problemático; de facto, não há disso obrigação alguma (crer algo), mas aquilo a que um dever nos obriga é a agir segundo a ideia daquele fim, embora não exista a menor probabilidade teórica de poder ser realizado; contudo, também a sua impossibilidade não se pode demonstrar.

Ora bem, a razão prático-moral expressa em nós o seu veto irresistível: *não deve haver guerra*; nem guerra entre ti e mim no Estado de Natureza, nem guerra entre nós como Estados que, embora internamente se encontrem numa situação legal, contudo, exteriormente (na sua relação mútua) estão numa condição sem lei; pois este não é o modo como cada um deve buscar o seu direito. Portanto, a questão já não é saber se a paz perpétua é uma coisa ou um absurdo, e se não nos enganaremos no nosso juízo teórico, se supusermos o primeiro; mas temos de agir em vista do seu estabelecimento, como se a coisa fosse o que porventura não é, e elaborar a constituição que se nos afigure mais idónea (talvez o republicanismo de todos os Estados em conjunto) para a ela chegar e acabar com a terrível guerra, para a qual, como seu fim principal, todos os Estados, sem exceção, dirigiram até agora as suas instituições internas. E embora este último elemento — o que concerne ao cumprimento deste propósito — permaneça como um desejo irrealizável, não nos enganaremos decerto ao aceitar a máxima de agir continuamente nessa direção; é, de facto, um dever, mas tomar como enganosa a lei moral em nós mesmos suscitaria o repugnante desejo de preferir estar privado de toda a razão e de se ver arrojado, segundo os seus princípios, juntamente com as restantes classes de animais, ao mesmo mecanismo da natureza.

Pode dizer-se que o estabelecimento universal e duradouro da paz não constitui só uma parte, mas a plenitude do fim último da doutrina do direito, dentro dos limites da simples razão; pois o estado de paz é o único em que, mediante *leis*, está garantida a condição do *meu* e o *teu* num conjunto de homens entre si vizinhos, portanto, que estão reunidos numa constituição. A regra de tal constituição, porém, não se irá buscar, como norma para outros, à experiência daqueles, aos quais, até agora, as coisas correram da melhor maneira, mas, mediante a razão *a priori*, deverá extrair-se do ideal de uma união jurídica entre os homens sob leis públicas em geral, porque todos os exemplos (enquanto só podem clarificar, mas nada provar) são enganosos e necessitam, por isso, de uma metafísica. A necessidade desta admitem-na até, de modo inconsiderado, os que dela mofam, quando, por exemplo, como amiúde fazem, dizem o seguinte: «a melhor constituição é aquela em que o poder reside nas leis, e não nos homens». De facto, o que pode ser mais sublime, do ponto de vista metafísico, do que justamente esta ideia, a qual, segundo a sua própria afirmação, tem igualmente a mais afiançada realidade objetiva, e é suscetível ainda de se expor com facilidade nos casos que se apresentarem, a única que, em contínua aproximação, pode levar ao bem político supremo, à paz perpétua, se não se tentar chegar a ela e realizá-la pela revolução, mediante um salto, isto é, por meio do derrube violento de uma constituição defeituosa até agora existente, mas através da reforma gradual, segundo princípios sólidos — (pois, entretanto, surgiria um momento de destruição de todo o Estado Jurídico)?

Apêndice

Anotações esclarecedoras aos Princípios Metafísicos da Doutrina do Direito

Estas anotações são, em grande parte, ocasionadas pela recensão deste livro, aparecida no *Diário de Göttingen*, n.º 28, de 18 de fevereiro de 1797; está ela redigida com penetração e agudeza de análise, mas também com simpatia e com «a esperança de que aqueles princípios venham a ser proveitosos para a ciência». Utilizá-la-ei aqui como fio condutor da apreciação e, além disso, também para uma ampliação parcial deste sistema.

Logo no começo da *introdução* à doutrina do direito embate o meu agudo crítico numa definição. — O que é *a faculdade de desejar*? É, diz o texto, a faculdade de, por meio das suas representações, ser causa dos objetos dessas representações. — A esta definição objeta-se: «que ela não conduz a nada, logo que se abstrai das condições externas da consequência do desejo. — Mas a faculdade de desejar é também algo para o idealista, embora para este o mundo externo nada seja». *Resposta*: não há também um anelo intenso e, no entanto, consciente ao mesmo tempo da sua inutilidade (por exemplo, queira Deus que aquele homem ainda viva!), que decerto é ineficaz mas, apesar de tudo, não *sem consequências*, e que não atua eficazmente sobre as coisas externas, mas sim no interior do próprio sujeito (fá-lo sofrer?). Um desejo, enquanto *esforço* (*nisus*) de mediante as suas representações ser *causa*, é, embora o sujeito lobrigue a insuficiência das últimas para o efeito pretendido, sempre causalidade, pelo menos no interior do sujeito. — O que aqui suscita o mal-entendido é que, em virtude de a consciência da sua capacidade em geral (no caso mencionado) ser, ao mesmo tempo, a consciência da sua *incapacidade* relativamente ao mundo externo, a definição não se pode aplicar ao idealista; e, apesar de tudo, pois, aqui se fala unicamente da relação de uma causa (a representação) ao efeito (o sentimento) em geral, a causalidade da representação (externa ou interna) relativamente ao seu objeto deve pensar-se no conceito de faculdade de desejar.

1

Preparação lógica para um conceito jurídico recentemente ventilado

Se os filósofos versados em leis pretenderem elevar-se, ou aventurar-se, até aos princípios metafísicos da doutrina do direito (sem os quais toda a sua ciência jurídica seria apenas estatutária), não podem descurar, com indiferença, a garantia da integridade da sua *divisão* dos conceitos jurídicos: porque, caso contrário, aquela ciência não seria um sistema da razão, mas apenas um agregado fragmentário. — A *tópica* dos princípios tem de estar completa em virtude da forma do sistema, isto é, há que indicar o *lugar* para um conceito (*locus communis*), aberto a esse conceito segundo a forma sintética da divisão; depois, pode também mostrar-se que um ou outro conceito, posto neste lugar, seria em si contraditório e teria de ser dele apartado.

Ora bem, os juristas ocuparam-se, até agora, de dois lugares comuns: o do direito *real* e o do direito *pessoal*. Visto que ainda permanecem abertos dois lugares a partir da simples forma da união de ambos num conceito, como membros da divisão *a priori*, a saber, o de um direito real de carácter pessoal, bem como o de um direito pessoal de carácter real, é natural perguntar-se se também será possível admitir este novo conceito e se ele terá de se encontrar, embora só de modo problemático, no quadro completo da divisão. O último é indubitável. Pois, a divisão meramente lógica (que abstrai do conteúdo do conhecimento — do objeto) é sempre uma *dicotomia*, por exemplo, todo o direito é ou real ou não-real. Mas a divisão de que aqui se fala, isto é, a divisão metafísica, pode ser igualmente uma tetracotomia, porque, além dos dois membros simples da divisão, se acrescentam ainda duas relações, ou seja, as correspondentes às condições restritivas do direito, sob as quais um direito entra em relação com outro, relações cuja possibilidade carece de uma investigação especial. — O conceito *de um direito real de carácter pessoal* elimina-se pura e simplesmente, pois o direito de uma coisa perante *uma pessoa* é impensável. Mas pergunta-se se a inversa desta relação será igualmente impensável; ou se este conceito, a saber, o de um *direito pessoal de carácter real*, não só carece de contradição interna, mas é mesmo um conceito necessário (dado *a priori* na razão) ao conceito do *meu* e do *teu* externo e que consiste, não em tratar as pessoas como coisas em todos os aspetos, mas em possuí-las e proceder com elas, em muitas relações, como coisas.

2

Justificação do conceito de um direito pessoal de carácter real

A definição do direito pessoal de carácter real é, pois, em resumo, a seguinte: «é o direito do homem de ter uma *pessoa* exterior a si *como o seu*» ([10]).

([10]) Também aqui não digo: uma pessoa como minha (com o adjetivo), mas como o *meu* (*tó meum*, com o substantivo). Posso, pois, dizer: este é o *meu pai*, o que apenas designa a minha relação física (de vinculação) com ele em geral; por exemplo: *tenho* um pai. Mas não posso dizer: tenho-o *como o meu*. Todavia, se eu disser: a *minha mulher*, isto significa uma relação especial, a saber, jurídica, do possuidor com um objeto (se bem que também pessoa) como *coisa*. Mas a posse (*física*) é a condição de possibilidade do *manuseamento* (*manipulatio*) de algo como coisa; embora esta, noutra perspetiva, deva ser tratada ao mesmo tempo como pessoa.

Digo intencionalmente «uma pessoa», pois poderia muito bem ter-se como o seu outro *homem*, que ficou privado da sua personalidade devido a um crime (reduzido a escravo); mas aqui não se fala deste direito real.

Importa agora investigar se aquele conceito, «como fenómeno novo no céu jurídico», é uma *stella mirabilis* (uma estrela que cresce até se converter numa de primeira grandeza, antes nunca vista, mas que paulatinamente de novo se desvanece, tornando porventura a aparecer alguma vez) ou apenas uma estrela cadente.

3

Exemplos

Ter algo exterior como o *seu* significa possuí-lo juridicamente; mas a posse é a condição de possibilidade do uso. Se esta condição se conceber apenas como física, então a posse chama-se retenção. — Ora bem, a retenção legítima não chega para fazer passar por *meu* o objeto ou para tal o fazer; mas se eu, por qualquer razão, estou autorizado a reivindicar a retenção de um objeto que fugiu ou se subtraiu ao meu poder, então este conceito jurídico é um sinal (como efeito da sua causa) de que me considero autorizado a retê-lo como o *meu*, mas também a comportar-me com ele como se o possuísse de um modo inteligível e a usá-lo como tal.

«O *seu*» não significa aqui, decerto, o *seu* como propriedade da pessoa de outrem (pois, um homem nem sequer de si mesmo pode ser proprietário, e muito menos de outra pessoa), mas só o *seu* como usufruto (*ius utendi, fruendi*), que consiste em fazer uso imediatamente desta pessoa, como que de uma coisa, como meio para o meu fim, sem detrimento da sua personalidade.

Mas este fim, como condição da legitimidade do uso, tem de ser moralmente necessário. Nem o homem pode desejar a mulher para *gozar* dela como de uma coisa, isto é, para sentir um prazer imediato na comunidade puramente animal com ela, nem a mulher se pode entregar a ele com tal fim, sem que ambas as partes renunciem à sua personalidade (coabitação carnal ou bestial), isto é, sem a condição do *matrimónio* que, enquanto entrega recíproca da própria pessoa à posse de outra, se há de previamente concertar: para não se desumanizar pelo uso corporal que uma parte faz da outra.

Sem esta condição, o gozo carnal é sempre, segundo o seu princípio (embora não sempre segundo o efeito), *canibal.* Se, com a boca e os dentes, a parte feminina se *consuma* pela gravidez e por um parto mortal que dela porventura possa resultar, e a parte masculina, por sua vez, pelo esgotamento que procede das reiteradas exigências da mulher à faculdade sexual do varão, só há diferença na maneira de gozar, e cada parte é realmente para outra, no uso recíproco dos órgãos sexuais, uma coisa *consumível* (*res fungibilis*); converter-se nela por meio de um *contrato* seria um contrato contrário à lei (*pactum turpe*).

De igual modo, o varão não pode gerar nenhum filho com a mulher como sua *confeção* comum (*res artificialis*), sem que ambas as partes contraiam, com ele e entre si, a *obrigação* de o manter; o que significa também a aquisição de um homem *como que* coisa, mas só quanto à forma (segundo um direito pessoal de carácter real). Os pais têm um direito frente a qualquer possuidor da criança que foi subtraída ao seu poder (*ius in re*) e, ao mesmo tempo, um direito de obrigar a criança às prestações e ao cumprimento das suas ordens, que não sejam contrárias a uma possível liberdade legal (*ius ad rem*): portanto, têm também, em relação a ela, um direito pessoal.

Por último, embora com o advento da maioridade cesse o dever dos pais de manterem os seus filhos, aqueles, contudo, têm ainda o direito de deles se servir para a manutenção do regime doméstico, como membros da casa submetidos às suas ordens até à sua emancipação — o que é um dever dos pais para com os filhos, que dimana da limitação natural do direito dos primeiros. Até aí, são decerto membros da casa e fazem parte da *família*, mas doravante integram-se na *criadagem* (*famulatus*) e, portanto, só por contrato se podem agregar ao *seu* do dono da casa (como domésticos). — Igualmente, os criados *de fora da família* se podem converter no *seu* do dono da casa segundo um direito pessoal de carácter real e ser adquiridos por contrato como servos (*famulatus domesticus*). Tal contrato não é o de simples *aluguer* (*locatio conductio operae*), mas a entrega da própria pessoa para fazer parte das posses do dono da casa, um *arrendamento* pessoal (*locatio conductio personae*) que difere do aluguer em que o servo se presta a *tudo o que é permitido* no tocante ao bem da casa, e não se lhe encomenda um trabalho reservado e especificamente determinado; em contrapartida, quem foi contratado para um trabalho determinado (artesão ou jornaleiro) não se entrega a si mesmo ao *seu* de outrem e também não é, portanto, um elemento da casa. — O dono da casa não se pode apropriar (*via facti*) deste último como de uma coisa, pois ele não faz parte da posse jurídica de quem o obriga a certas prestações, mesmo que fosse também um inquilino da casa (*inquilinus*), mas o primeiro deve exigir a prestação do prometido, segundo o direito pessoal, prestação que está à sua disposição por meios legais (*via iuris*). — Até aqui, a elucidação e a defesa de um título jurídico estranho, que agora se há de acrescentar à doutrina natural da lei e que, todavia, sempre tacitamente se usou.

4

Sobre a confusão do direito real com o pessoal

Foi-me, além disso, censurada, como heterodoxia no direito natural privado, a proposição: *a venda interrompe o arrendamento* (*Doutrina do Direito*, § 31, p. 104).

À primeira vista, parece ser contrário a todos os direitos derivados de um contrato que alguém possa rescindir o arrendamento da sua casa ao arrendatário, antes de expirar o tempo de arrendamento combinado, e que, portanto, possa aparentemente quebrar a promessa que lhe fez, sempre que o fizerem no tempo usual para a mudança, no habitual prazo legal-civil. — Mas, se for possível provar que o arrendatário, ao fazer o seu contrato de arrendamento, sabia, ou devia saber, que a promessa a ele feita pelo *arrendador* enquanto proprietário estava naturalmente ligada (sem que tal tivesse de se consignar de modo expresso no contrato), portanto, tacitamente, à condição de que *este não devia vender a sua casa durante esse tempo* (ou não tivesse de a entregar aos seus credores, no caso de insolvência), então o arrendador não quebrou a sua promessa, condicionada já em si segundo a razão, e o arrendatário não viu diminuído o seu direito por lhe ter sido rescindido o arrendamento antes do prazo.

De facto, o direito do último, procedente do contrato de arrendamento, é um direito *pessoal* àquilo que uma determinada pessoa tem de prestar a outra (*ius ad rem*); mas não um direito *real* em face todo o possuidor da coisa (*ius in re*).

Ora bem, o arrendatário podia muito bem acautelar-se no seu *contrato de arrendamento* e buscar para si um direito real à casa: isto é, podia *inscrever* (registar) o contrato só sobre a casa do arrendador, como ficando ligado à propriedade; nesse caso, não poderia, antes do prazo, ser excluído do arrendamento convencionado por nenhuma rescisão do proprietário, nem sequer pela sua morte (a natural ou também a civil, a bancarrota). Se não o fez, talvez porque pretendia estar livre para arrendar ulteriormente em melhores condições, ou porque o proprietário não queria fazer pesar sobre a sua casa esse *ónus*, pode daí depreender-se que cada um deles, no tocante ao tempo de rescisão (excetuando o prazo determinado civilmente para ela), era consciente de ter selado um contrato, tacitamente condicionado, de o dissolver de novo, de acordo com a conveniência. O direito de interromper o arrendamento pela venda é também confirmado por certas consequências jurídicas tiradas de semelhante contrato *nu* de arrendamento; de facto, não se exige aos herdeiros do arrendatário a obrigação de, após a sua morte, continuar com o arrendamento, pois a obrigação só é para com uma determinada pessoa e termina com a sua morte (caso em que, apesar de tudo, se deve ter sempre em conta o prazo legal de rescisão). O direito de arrendamento enquanto tal também não pode passar para os seus herdeiros sem um contrato especial; nem está autorizado a nenhum subarrendamento, em vida de ambas as partes, sem um acordo explícito.

5

Adenda ao exame dos conceitos do direito penal

A simples ideia de uma constituição civil entre os *homens* implica já o conceito de uma justiça penal, que incumbe ao poder supremo. Trata-se unicamente de saber se o tipo de penas será indiferente ao legislador, quando elas servem só de meio para afastar o crime (como violação da segurança do Estado na posse do *seu* de cada um), ou se também se deverá ter em conta o respeito à humanidade na pessoa do delinquente (isto é, à espécie), e decerto por meras razões jurídicas, porquanto considero o *ius talionis*, segundo a sua forma, como a única ideia determinante *a priori*, como princípio do direito penal (não extraída da experiência de quais seriam os meios mais eficazes para este propósito)([11]). — Mas como proceder com os castigos por delitos que não permitem *retaliação* alguma, pois ou eles são em si mesmos impossíveis ou, inclusive, seriam um crime punível contra a *humanidade* em geral, como, por exemplo, o da violação, e ainda o da pederastia ou da bestialidade?

([11]) Há em todo o castigo algo de humilhante para a honra do acusado (por boas razões), porque implica uma mera coerção unilateral e, assim, a dignidade de cidadão enquanto tal fica nele suspensa, pelo menos num caso especial: é que ele está sujeito a um dever externo, ao qual, por seu lado, não pode opor resistência alguma. O homem refinado e rico, obrigado a pagar, sente mais a sua humilhação de ter de se dobrar à vontade de um homem inferior do que a perda do dinheiro. A *justiça penal* (*uistitia punitiva*), já que o argumento da *penalidade é moral (quia peccatum est)*, deve aqui distinguir-se da prudência penal, pois é simplesmente *pragmática* (*ne peccetur*) e funda-se na experiência do que se revela mais eficaz para prevenir o crime; a primeira ocupa, portanto, na tópica dos conceitos jurídicos, um lugar de todo distinto, o *locus iusti*, não o do *conducibilis*, ou do *vantajoso* para certo propósito, nem sequer o do simples *honesti*, cujo lugar se há de buscar na ética.

Os dois primeiros deveriam castigar-se com a castração (como a dos eunucos brancos ou negros no serralho); o último, com a expulsão definitiva da sociedade civil, porque o delinquente se tornou indigno da sociedade humana. — *Per quod quis peccat, per idem punitur et idem.* — Os mencionados delitos dizem-se, por isso, antinaturais, porque se cometem contra a própria humanidade. — Impor *arbitrariamente* castigos por estes delitos é, segundo a letra, contrário ao conceito de uma *justiça penal.* Ora bem, o delinquente não se pode queixar de se lhe fazer uma injustiça, quando sobre si mesmo atrai a sua má ação e lhe acontece, não segundo a letra, mas de acordo com o espírito da lei penal, o mal que a outros fez.

6

O direito de usucapião

«O direito de *usucapião* (*usucapio*) deve, de harmonia com o dito nas pp., 103 e ss., fundamentar-se mediante o direito natural. De facto, se não admitíssemos que pela posse de boa-fé se fundamenta uma *aquisição ideal,* como aqui ela se chama, nenhuma aquisição estaria perentoriamente garantida. (Mas o senhor Kant supõe, inclusive no Estado de Natureza, uma aquisição unicamente provisória e, por isso, insiste na necessidade jurídica da constituição civil. — Mas eu afirmo-me como possuidor de boa-fé só perante aquele que não pode provar que era possuidor de boa-fé da mesma coisa antes de mim, e que não deixou voluntariamente de o ser)». — Não é disso que aqui se fala, mas, sim, de se eu me posso *afirmar* também como proprietário, ainda que houvesse de se apresentar um pretendente como verdadeiro proprietário *anterior* da coisa, sendo, porém, *de todo* impossível averiguar a sua existência como possuidor e a sua condição de posse como proprietário; este último caso ocorre quando ele não deu por si nenhum sinal publicamente válido da sua posse ininterrupta (seja por culpa própria ou também sem ela), por exemplo, mediante a inscrição nas matrizes ou o incontrovertível direito a voto como proprietário nas assembleias civis.

De facto, a questão é aqui esta: quem deve provar a sua aquisição legítima? Esta obrigação (*onus probandi*) não se pode impor ao possuidor, pois está na posse dela até onde chega a sua história constatada. O pretenso proprietário anterior da coisa está totalmente separado — segundo princípios jurídicos — da série de possuidores consecutivos por um intervalo de tempo, durante o qual não forneceu nenhum sinal civilmente válido da sua propriedade. Esta omissão de qualquer ato público de posse faz dele um pretendente sem título. (Pelo contrário, diz-se aqui, como na teologia, *conservatio est continua creatio.*) Se um pretendente até agora desconhecido se apresentasse, embora munido de documentos descobertos mais tarde, prevaleceria então, neste caso, novamente, a dúvida de se não viria algum dia a aparecer um pretendente ainda mais antigo, e que conseguisse fundamentar as suas pretensões a uma posse anterior. — Aqui não importa a *extensão de tempo* de posse para, finalmente, *adquirir* a coisa por *usucapião* (*acquirere per usucapionem*). Pois é absurdo supor que algo injusto, pouco a pouco, se converta num direito pelo facto de ter durado muito tempo. O uso (por prolongado que seja) pressupõe o direito à coisa: é um grande erro supor que este se tenha de basear naquele. Portanto, a *usucapião* (*usucapio*) enquanto aquisição pelo uso prolongado de uma coisa é um conceito em si mesmo contraditório. Não o é menos a *prescrição das reclamações como modo de conservação* (*conservatio possessionis meae per praescriptionem*); constitui, no entanto, um conceito distinto do anterior, no tocante ao argumento da apropriação. É um fundamento negativo, a saber, o não-uso pleno do seu direito, que nem sequer é necessário para se manifestar como possuidor, é tomado ou erroneamente considerado como uma *renúncia* à coisa (*derelictio*), a qual é um ato jurídico, isto é, o uso do seu direito perante outrem para adquirir o objeto da mesma, mediante a exclusão da sua reclamação (*per praescriptionem*) — o que implica uma contradição.

Adquiro, pois, sem aduzir prova alguma e sem nenhum ato jurídico: não preciso de provar, mas adquiro por lei (*lege*);

e depois? A dispensa *pública* das reclamações, isto é, a *garantia legal da minha posse*, em virtude de não me ser permitido aduzir prova alguma e de me basear numa posse ininterrupta. Mas que, no Estado de Natureza, toda a *aquisição* seja apenas provisória em nada influi na questão da garantia *da posse* do adquirido, que deve preceder aquela.

7

A herança

No tocante ao direito de herança, a perspicácia abandonou, desta vez, o senhor recenseador, para dar com o nervo da prova da minha asserção. — Na p. 108, não digo «que todo o homem aceita necessariamente semelhante direito (pois assim bem pode ganhar, mas nunca perder» (pois, tais coisas não existem), mas que cada um aceita sempre realmente, no mesmo instante, o *direito da oferta*, de modo inevitável e tácito e, ao mesmo tempo, válido: quando a natureza da coisa implica que a retratação seja absolutamente impossível, isto é, no momento da morte; de facto, o promitente não pode então retratar-se e o promissário, sem ter de fazer qualquer ato jurídico, é no mesmo instante aceitante, não da herança prometida, mas do direito de a aceitar ou recusar. Nesse momento, ao abrir-se o testamento, vê que é mais rico do que era, ainda antes da aceitação da herança; pois adquiriu em exclusivo *faculdade de aceitar*, que é já uma situação de riqueza. — Lá porque aqui se pressupõe um Estado Civil para fazer algo ao *seu de outrem* quando já não existe, este trânsito da posse, a partir da mão morta, nada altera relativamente à possibilidade da aquisição segundo princípios universais do direito natural, embora uma constituição civil deva estar subjacente à aplicação dos mesmos ao caso que se apresentar. — Uma coisa, cuja aceitação ou recusa incumbe, sem condições, à minha livre eleição, chama-se *res iacens*. Se o proprietário de uma coisa me oferece algo de graça (promete que será meu), por exemplo, um móvel da casa, que estou prestes a levar, enquanto não se retratar (o que é impossível, se morrer) tenho em exclusivo o direito de aceitar o oferecido (*ius in re iacente*), isto é, só eu posso aceitá-lo ou recusá-lo à vontade: e não adquiro este direito de escolher em exclusivo mediante um ato jurídico particular da minha declaração de que quero ter este direito, mas sem tal ato (*lege*). — Posso, portanto, declarar que é vontade minha que *a coisa não me pertença* (porque a aceitação me poderia trazer desgostos com outros), não posso, porém, querer ter em exclusivo a eleição de se *ela me há de pertencer ou não*; de facto, tenho o direito (de aceitar ou recusar) imediatamente graças à oferta, sem qualquer declaração da minha aceitação; se, inclusive, pudesse recusar ter a opção, escolheria não escolher — o que é uma contradição. O direito de eleição advém-me, pois, no momento em que morre o testador, por cujo testamento (*institutio haeredis*) nada adquiro dos seus haveres e dos seus bens, mas, sim, a posse *meramente jurídica* (inteligível) destes haveres ou de uma parte sua, a cuja aceitação posso renunciar em benefício de outros; por conseguinte, a posse não se interrompe um só momento, mas a sucessão, como uma série contínua, passa do moribundo ao herdeiro instituído mediante a sua aceitação. Fica assim garantida, contra toda a dúvida, a proposição: *testamenta sunt iuris naturae.*

8

Direitos do Estado relativos às fundações perpétuas para os seus súbditos

Uma *fundação* (*sanctio testamentaria beneficii perpetui*) é a entidade livre e benéfica, sancionada pelo Estado, criada para, até à sua total extinção, beneficiar determinados membros do mesmo, que se sucedem uns aos outros. — Diz-se *perpétua* quando a disposição de a manter está unida à constituição do próprio Estado (pois perpétuo se há de considerar o Estado); mas a sua função benéfica destina-se ou ao *povo* em geral ou a uma parte deste, unida segundo determinados princípios especiais a uma *classe* ou a *uma família* e à continuação perpétua dos seus descendentes. Um exemplo do primeiro caso são os *hospitais*; do segundo, as *Igrejas*; do terceiro, as *ordens* (religiosas e seculares); do quarto, os *morgadios*.

Destas corporações e do seu *direito* de sucessão diz-se então que se não podem abolir, porque por testamento se tornou propriedade do herdeiro instituído, e abolir semelhante constituição (*corpus mysticum*) equivale a tirar a alguém o seu.

A

A instituição de beneficência para os pobres, os inválidos e os enfermos, fundada à custa do Estado (em fundações e hospitais), não se pode, sem dúvida, abolir. Mas, se a preferência houver de caber ao sentido da vontade do testador, e não à letra, podem muito bem ocorrer circunstâncias que aconselham a ab-rogação de tal fundação, pelo menos quanto à sua forma. — Descobriu-se assim que o pobre ou o enfermo (exceto o enfermo de um manicómio) recebe uma assistência melhor e mais barata, se lhe for entregue uma determinada soma de dinheiro (proporcional às necessidades da época), com a qual poderá alugar uma habitação onde quiser, junto dos seus parentes ou dos conhecidos, do que se dispuser de estabelecimentos para isso — como no Hospital de Greenwich —, providos de um pessoal dispendioso, esplêndidos, mas que em grande medida limitam a liberdade. — Não se pode então dizer que o Estado tire o seu ao povo, autorizado a desfrutar desta fundação, mas antes o fomenta, ao escolher os meios mais prudentes para a sua conservação.

B

O *clero*, que não se reproduz carnalmente (o católico), possui, com a proteção do Estado, terrenos e súbditos a eles ligados, que pertencem a um Estado espiritual (chamado Igreja), ao qual os leigos, por testamento, se entregaram como propriedade, para salvar as suas almas; e deste modo o clero, enquanto categoria social especial, tem uma posse que se pode herdar legalmente de época para época, e suficientemente documentada por bulas papais. — Poderá, pois, admitir-se que esta relação dos clérigos com os leigos possa ser diretamente arrebatada aos primeiros pelo poder supremo do Estado secular, e não equivaleria isto a tirar a alguém o *seu* pela força, como intentam os incrédulos da república francesa?

A questão, aqui, é se a Igreja poderá pertencer ao Estado ou o Estado à Igreja como o *seu*; pois dois poderes supremos não podem, sem contradição, estar reciprocamente subordinados. — É em si claro que só *a primeira constituição* (*politico-hierarchica*) pode subsistir em si; de facto, toda a constituição civil é deste mundo, porque é um poder terreno (dos homens), que se pode documentar, juntamente com as suas consequências, na experiência. Os crentes, cujo *reino* está no céu e no *outro mundo*, na medida em que se lhes concede uma constituição que a este se refere (*hierarchico-politica*), devem submeter-se aos sofrimentos temporais, sob o poder supremo dos homens do mundo. — Portanto, só a primeira constituição é admissível.

Nenhum poder civil pode impor ou tirar ao povo a religião (na sua manifestação), enquanto fé nos dogmas da Igreja e no poder dos sacerdotes, como aristocratas de tal constituição, ou quando esta é monárquica (papal), nem igualmente se pode excluir o cidadão da administração pública e dos benefícios que assim consegue (como acontece na Grã-Bretanha frente à nação irlandesa), só porque a sua religião é diferente da da corte.

Ora bem, se certas almas piedosas e crentes criarem uma fundação de carácter perpétuo com o fito de, por meio de orações, indulgências e expiações, pelas quais os ministros de tal incumbidos (os clérigos) lhes asseguram com vantagem o prémio no outro mundo, virem assim a alcançar a graça que a Igreja promete patentear aos fiéis também após a morte, e se em virtude da mesma certas terras devem passar, após a sua morte, para a propriedade da Igreja, e o Estado se tornar feudatário da Igreja, nesta ou naquela *parte* ou no *todo*, então semelhante fundação, pretensamente perpétua, não é de modo algum erigida para sempre, antes o Estado, quando quiser, se pode desfazer deste peso que a Igreja lhe impôs. — De facto, a própria Igreja é uma instituição fundada só na fé; quando, graças à ilustração do povo, se desvanecer o engano derivado desta opinião, então cessará também o temível poder do clero nele radicado, e o Estado tomará posse com pleno direito da propriedade atribuída à Igreja; isto é, do solo a ela doado mediante testamentos; embora os usufrutuários da instituição até então existente possam exigir, com direito, ser indemnizados para o resto da sua vida.

Nem sequer as fundações de carácter perpétuo para os pobres ou as instituições escolares, logo que têm um certo estilo projetado pelo fundador e de acordo com as suas ideias, se podem erigir para todo o sempre e, assim, onerar o solo; mas o Estado deve ter a liberdade para as adaptar às necessidades da época. — Ninguém se deve surpreender que seja difícil levar a cabo, em toda a parte, esta ideia (por exemplo, os estudantes pobres hão de suprir a insuficiência dos fundos escolares com cantos para obter esmolas); de facto, quem faz uma fundação com bom coração e, ao mesmo tempo, com alguma ambição, não quer que outro a reforme segundo o seu intento, mas pretende nela imortalizar-se. Ora bem, isto não altera a índole da própria coisa nem o direito do Estado, mais, o seu dever, de reformar qualquer fundação, quando ela se opõe à sua conservação e ao seu progresso; logo, jamais ela se pode considerar como fundada para todo o sempre.

C

A nobreza de um país que se não encontra sob uma constituição aristocrática, mas monárquica, pode ser uma instituição permitida numa determinada época e necessária segundo as circunstâncias; mas de nenhum modo se pode afirmar que esta classe se possa fundar para sempre, e que um soberano não disponha da competência para de todo suprimir este privilégio de categoria ou, se o fizer, que se possa dizer que ele tira ao súbdito (nobre) o *seu*, que por herança lhe cabe. A nobreza é uma corporação temporal autorizada pelo Estado, deve acomodar-se segundo as circunstâncias e não pode prejudicar o direito universal dos homens, que tanto tempo esteve suspenso. — De facto, a categoria do nobre no Estado não só depende da própria constituição, mas não passa de um acidente seu, que unicamente nele pode existir por inerência (um nobre, enquanto tal, só no Estado se pode conceber, não no Estado de Natureza). Portanto, se o Estado alterar a sua constituição, quem com isso perder o seu título e o seu privilégio não pode dizer que o seu lhe foi tirado; porque só podia chamá-lo *seu* sob a condição de que essa forma política permanecesse: o Estado, porém, tem direito a modificá-la (por exemplo, fazer dela uma república). — Logo, as ordens e o privilégio de ostentar certos sinais seus não conferem nenhum direito *perpétuo* a esta posse.

D

Por fim, no tocante *à fundação dos morgadios*, já que um proprietário fundiário decreta, por instituição hereditária, que na série dos sucessivos herdeiros o mais próximo da família seja sempre o proprietário (segundo a analogia com uma constituição monárquico-hereditária de um Estado, onde o *soberano* assim é), então, semelhante fundação pode suprimir-se em qualquer momento, e não só com o consentimento de todos os agnatos; e não pode persistir indefinidamente — como se o direito de herança estivesse ligado ao solo —, nem se pode dizer que a supressão da mesma constitua uma violação da fundação e da vontade do seu proprietário originário, do fundador; mas o Estado tem ainda aqui um direito, mais, o dever, entre as causas progressivamente aduzidas da sua própria reforma, de não permitir que, após a sua extinção, tenha lugar semelhante sistema federativo dos seus súbditos, à maneira de vice-reis (em analogia com os dinastas e os sátrapas).

Conclusão

Por fim, o senhor recenseador, acerca das ideias apresentadas sob a rubrica *direito público*, às quais, como ele diz, o espaço não permite referir-se, faz ainda a seguinte observação: «Nenhum filósofo, tanto quanto sabemos, reconheceu a mais paradoxal de todas as proposições paradoxais, a saber: obrigar-me-á a simples *ideia* de soberania a obedecer como a meu senhor a quem se constitui como meu senhor, sem indagar quem lhe deu o direito de mandar? Será a mesma coisa ter de reconhecer uma soberania e um soberano, e ter *a priori* por senhor este ou aquele, cuja existência nem sequer está dada *a priori*?» — Ora bem, posto assim o *paradoxo*, espero que ele, numa consideração mais atenta, não possa ao menos ser qualificado de *heterodoxia*; pelo contrário, o recenseador subtil, modesto na censura e profundo (que, apesar desse suposto escândalo, «considera os princípios metafísicos da doutrina do direito, no seu conjunto, como um ganho para a ciência») não se deverá arrepender por ter empreendido a sua defesa contra as desqualificações superficiais e obstinadas de outros, pelo menos, enquanto tentativa que não é indigna de uma segunda análise.

Que importa obedecer a quem se encontra na posse do poder supremo de mandar e de legislar sobre um povo, e decerto de um modo incondicionalmente jurídico tal que seja já punível o simples facto de *investigar* em público o título desta sua aquisição, portanto, de o pôr em dúvida, a fim de a ele se opor numa eventual falta do mesmo; que é um imperativo categórico: *obedecei à autoridade que tem poder sobre vós* (em tudo o que se não oponha à moral interior) — eis a proposição escandalosa que é posta em causa. — O que aparentemente escandaliza a razão do recenseador não é só o princípio que toma por base um *factum* (a tomada do poder) como condição para o direito, mas também que a simples ideia da soberania sobre o povo me obrigue a mim, que a ele pertenço, a obedecer ao pretenso direito, sem indagação prévia (*Doutrina do Direito*, § 49).

Todo *o factum* (facto) é objeto no *fenómeno* (dos sentidos); em contrapartida, o que só pode ser representado pela razão pura, que se há de contar entre as ideias, para as quais se não pode aduzir de modo adequado nenhum objeto na experiência, como é o caso de uma *constituição jurídica* perfeita entre os homens, é a coisa em si mesma.

Se, pois, existir um povo, unido por leis sob uma autoridade, então está ele dado como objeto da experiência, em conformidade com a ideia da sua unidade *em geral* sob uma vontade suprema poderosa. Mas, claro, só no fenómeno; ou seja, existe ali uma constituição jurídica, no sentido geral da palavra; e embora possa estar afetada de grandes defeitos e de graves erros e careça, pouco a pouco, de importantes melhorias, não é, contudo, de modo algum permitido, e é punível, opor-se a ela: porque, se o povo se considerasse autorizado a resistir violentamente a esta constituição, embora defeituosa, e à autoridade suprema, julgaria ter um direito a colocar a violência no lugar da legislação, que prescreve de modo supremo todos os direitos; o que resultaria numa vontade suprema que a si mesma se destrói.

A *ideia* de uma constituição política em geral, que é ao mesmo tempo para cada povo um mandamento absoluto da razão prática, a qual julga segundo conceitos jurídicos, é sagrada e irresistível; e ainda que a organização do Estado seja por si mesma deficiente, todavia, nenhum poder subalterno no Estado pode opor resistência ativa ao seu soberano legislador, antes os defeitos de que enferma devem ser suprimidos, pouco a pouco, mediante reformas que ele em si próprio leva a cabo; porque, de outro modo, segundo uma máxima contrária do súbdito (a de proceder arbitrariamente), uma boa constituição só poderia ter lugar por cego acaso. — O mandamento «*obedecei à autoridade que tem poder sobre vós*» não arrazoa sobre o modo como a autoridade chegou ao poder (para a destruir, se for necessário); pois ela, que já existe, sob a qual viveis, se encontra já na posse da legislação, a cujo respeito podeis, sem dúvida, discutir em público, mas não vos alçar a vós próprios a legisladores antagonistas.

A submissão incondicionada da vontade popular (que em si é desunida, logo, sem lei) a uma vontade *soberana* (que a todos une mediante uma lei) é um *ato* que só pode começar pela tomada do poder supremo e funda assim, pela primeira vez, um *direito público.* — Permitir ainda contra esta autoridade absoluta uma resistência (que limitaria esse poder supremo) é contradizer-se a si mesmo; pois, então, aquele (a que é lícito resistir) não seria o poder legal supremo que, primeiro, determina o que deve ser, ou não, publicamente justo — e este princípio reside já *a priori* na *ideia* de uma constituição civil em geral, isto é, num conceito da razão prática; não pode ele, decerto, ter adequadamente como base exemplo algum da experiência, mas também nenhum, como norma, se lhe deve opor.

Índice

DOUTRINA DO DIREITO

PARTE II
O DIREITO PÚBLICO

TEXTOS FILOSÓFICOS

1. *Crítica da Razão Prática*, Immanuel Kant
2. *Investigação sobre o Entendimento Humano*, David Hume
3. *Crepúsculo dos Ídolos*, Friedrich Nietzsche
4. *Discurso de Metafísica*, Immanuel Kant
5. *Os Progressos da Metafísica*, Immanuel Kant
6. *Regras para a Direção do Espírito*, René Descartes
7. *Fundamentação da Metafísica dos Costumes*, Immanuel Kant
8. *A Ideia da Fenomenologia*, Edmund Husserl
9. *Discurso do Método*, René Descartes
10. *Ponto de Vista Explicativo da Minha Obra de Escritor*, Sören Kierkegaard
11. *A Filosofia na Idade Trágica dos Gregos*, Friedrich Nietzsche
12. *Carta sobre a Tolerância*, John Locke
13. *Prolegómenos a Toda a Metafísica Futura*, Immanuel Kant
14. *Tratado da Reforma do Entendimento*, Bento de Espinosa
15. *Simbolismo: Seu Significado e Efeito*, Alfred North Whitehead
16. *Ensaio sobre os Dados Imediatos da Consciência*, Henri Bergson
17. *Enciclopédia das Ciência Filosóficas em Epítome (Vol. I)*, Georg Wilhelm Friedrich Hegel
18. *A Paz Perpétua e Outros Opúsculos*, Immanuel Kant
19. *Diálogo sobre a Felicidade*, Santo Agostinho
20. *Princípios da Filosofia do Futuro*, Ludwig Feuerbach
21. *Enciclopédia das Ciência Filosóficas em Epítome (Vol. II)*, Georg Wilhelm Friedrich Hegel
22. *Manuscritos Económico-Filosóficos*, Karl Marx
23. *Propedêutica Filosófica*, Georg Wilhelm Friedrich Hegel
24. *O Anticristo*, Friedrich Nietzsche
25. *Discurso sobre a Dignidade do Homem*, Giovanni Pico della Mirandola
26. *Ecce Homo*, Friedrich Nietzsche
27. *O Materialismo Racional*, Gaston Bachelard
28. *Princípios Metafísicos da Ciência da Natureza*, Immanuel Kant
29. *Diálogo de um Filósofo Cristão e de um Filósofo Chinês*, Nicolas Malebranche
30. *O Sistema da Vida Ética*, Georg Wilhelm Friedrich Hegel
31. *Introdução à História da Filosofia*, Georg Wilhelm Friedrich Hegel
32. *As Conferências de Paris*, Edmund Husserl
33. *Teoria das Conceções do Mundo*, Wilhelm Dilthey
34. *A Religião nos Limites da Simples Razão*, Immanuel Kant
35. *Enciclopédia das Ciência Filosóficas em Epítome (Vol. III)*, Georg Wilhelm Friedrich Hegel
36. *Investigações Filosóficas sobre a Essência da Liberdade Humana*, F. W. J. Schelling
37. *O Conflito das Faculdades*, Immanuel Kant
38. *Morte e Sobrevivência*, Max Scheler
39. *A Razão na História*, Georg Wilhelm Friedrich Hegel
40. *O Novo Espírito Científico*, Gaston Bachelard
41. *Sobre a Metafísica do Ser no Tempo*, Henrique de Gand
42. *Princípios de Filosofia*, René Descartes
43. *Tratado do Primeiro Princípio*, João Duns Escoto
44. *Ensaio sobre a Verdadeira Origem, Extensão e Fim do Governo Civil*, John Locke
45. *A Unidade do Intelecto contra os Averroístas*, São Tomás de Aquino
46. *A Guerra e A Queixa da Paz*, Erasmo de Roterdão
47. *Lições sobre a Vocação do Sábio*, Johann Gottlieb Fichte
48. *Dos Deveres (De Officiis)*, Cícero
49. *Da Alma (De Anima)*, Aristóteles
50. *A Evolução Criadora*, Henri Bergson
51. *Psicologia e Compreensão*, Wilhelm Dilthey
52. *Deus e a Filosofia*, Étienne Gilson
53. *Metafísica dos Costumes, Parte I, Princípios Metafísicos da Doutrina do Direito*, Immanuel Kant
54. *Metafísica dos Costumes, Parte II, Princípios Metafísicos da Doutrina da Virtude*, Immanuel Kant
55. *Leis. Vol. I*, Platão
58. *Diálogos sobre a Religião Natural*, David Hume
59. *Sobre a Liberdade*, John Stuart Mill
60. *Dois Tratados do Governo Civil*, John Locke
61. *Nova Atlântida* e *A Grande Instauração*, Francis Bacon
62. *Do Espírito das Leis*, Montesquieu
63. *Observações sobre o sentimento do belo e do sublime* e *Ensaio sobre as doenças mentais*, Immanuel Kant
64. *Sobre a Pedagogia*, Immanuel Kant
65. *Pensamentos Filosóficos*, Denis Diderot
66. *Uma Investigação Filosófica acerca da Origem das nossas Ideias do Sublime e do Belo*, Edmund Burke
67. *Autobiografia*, John Stuart Mill
68. *Explicação do Pai Nosso*, Martinho Lutero
69. *Arrependimento e Renascimento*, Max Scheler
70. *Discurso sobre as Ciências e as Artes* seguido de *Cartas sobre a Polémica*, Jean-Jacques Rousseau